高效班组管理落地方案系列

SAFETY
MANAGEMENT

# 班组长
# 安全管理培训手册

郑时勇 主编

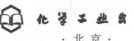
·北京·

《班组长安全管理培训手册》一书内容涵盖了班组安全责任与意识；安全生产常识；班组安全生产管理技能三大方面的的内容。

本书主要阅读人群设定为企业一线班组长，目的在于帮助班组长建立正确的角色认知，掌握全面的班组管理技能，提高其业务水平，促进其职业发展，努力使企业班组长通过培训，在知识、能力和职业道德方面都有较实际、较系统的收获。本书内容在编写方式方法上有创意，有明确的教学目标，具有适用性、实用性、可读性和启发性等鲜明特色。

### 图书在版编目（CIP）数据

班组长安全管理培训手册/郑时勇主编．—北京：化学工业出版社，2019.8（2024.5重印）
（高效班组管理落地方案系列）
ISBN 978-7-122-34605-6

Ⅰ.①班⋯　Ⅱ.①郑⋯　Ⅲ.①班组管理-安全管理-手册　Ⅳ.①F406.6-62

中国版本图书馆CIP数据核字（2019）第105028号

---

责任编辑：陈　蕾　　　　　　　　　装帧设计：尹琳琳
责任校对：杜杏然

---

出版发行：化学工业出版社（北京市东城区青年湖南街13号　邮政编码100011）
印　　装：涿州市般润文化传播有限公司
710mm×1000mm　1/16　印张16¾　字数307千字　2024年5月北京第1版第3次印刷

购书咨询：010-64518888　　　　　　　　售后服务：010-64518899
网　　址：http://www.cip.com.cn
凡购买本书，如有缺损质量问题，本社销售中心负责调换。

定　　价：58.00元　　　　　　　　　　　　　　　　版权所有　违者必究

# 前言 PREFACE

我国是制造业大国,却还不是制造业强国。其中,工匠精神的欠缺是一个非常重要的原因。工匠精神是一种职业精神,是职业素养、职业品格、职业道德、职业技能的综合体现,也是从业者的一种职业价值取向和行为表现。

作为企业最基层的管理者——班组长,就要争做知识型、技能型、创新型带头人,弘扬劳模精神和工匠精神。

班组管理是企业战略落地非常重要的一个环节,因此,越来越多的企业重视班组的管理提升。班组承担着企业日常经营管理最基础的责任,班组强则企业强,班组长对现场人、机、料、法、环等多个方面的综合管理显得尤为重要,因此,要努力提升自身素质水平,提高团队综合竞争力。

发展、创新,对于企业班组长来说,是个挑战。班组长只有不断地学习,不断地培训,才是打造高效基层团队、提升企业生产力的有效途径。班组长是一线员工的直接组织者和指挥者,是上级领导与一线员工之间沟通的主要桥梁。企业的生产能力,很大程度上依赖于一线班组长的管理水平。班组长管理工作质量的高低,一定程度上直接影响着公司或部门的整体进度和经济效益。

随着企业组织的扁平化,班组长发挥作用的领域日益广阔。越来越多的企业领导者意识到优秀班组长建设是提升企业管理效率的重要组成部分,优秀的班组长是企业不可或缺的人力资源。只有抓好班组的精细化管理,才能使班组在企业中发挥出较大化的效能,确保企业制度及目标的有效执行和落实。

企业制定的宏伟战略,最终要由一线员工来实现,而班组长作为一线员工的直接组织者和指挥者,管理能力的高低,直接影响产品质量、成本、交货期、安全生产和员工士气,直接关系到企业的经营成败。因此班组长培训尤为重要。

本书主要阅读人群设定为企业一线班组长,目的在于帮助班组长建立正确的角色认知,掌握全面的班组管理技能,提高其业务水平,促进其职业发展,努力使企业班组长通过培训，在知识、能力和职业道德方面都有较实际、较系统的收获。同时，本书打破了传统班组长教材纯理论化的呆板模式，采用快餐式、跳跃性、碎片化的阅读模式，以模块化、程序化的方式展开，是企业一线管理人员、班组长、车间主任、新入职的大中专学生及工厂管理培训机构、职业管理院校的参考用书和管理工作指南。

《班组长安全管理培训手册》分四篇17章，其中班组安全责任与意识包括班组安全责任、安全意识培训，安全生产常识包括用电作业安全常识、机械设备安全常识、危险化学品管理常识、高温作业安全常识、低温作业安全常识、密闭空间作业安全常识、高处作业安全常识、消防知识培训与演练，班组安全生产管理技能包括班组安全教育、开好班前班后会、生产中安全督导，安全生产事故防范包括安全生产事故的原因、作业安全预防、消除习惯性违章、工伤事故的紧急处理。

由于编者水平有限，加之时间仓促、参考资料有限，书中难免出现疏漏与缺憾，敬请读者批评指正。同时，由于写作时间紧迫，部分内容引自互联网媒体，其中有些未能一一与原作者取得联系，请您看到本书后及时与编者联系。

编　者

# 目录 CONTENTS

## 第一篇 班组安全责任与意识

### 第 1 章 班组安全责任 ································ 2

安全生产工作是人命关天的大事,也是一项非常实际的工作,不得有半点马虎和虚假。因此,班组长要有高度的责任心和认真负责的工作态度,时时、事事、处处想到员工的安全和健康。

1.1 班组在安全中的作用 ································ 3
1.2 班组长的安全责任 ································ 3
1.3 班组成员的安全责任 ································ 5
    1.3.1 班组成员的安全责任 ································ 6
    1.3.2 如何明确班组成员的责任 ································ 6
1.4 班组安全目标与实施 ································ 7
    1.4.1 了解班组的安全生产目标 ································ 7
    1.4.2 实施安全目标 ································ 10

### 第 2 章 安全意识培训 ································ 13

有调查显示,事故人为的因素中,安全意识占到90%多,而安全技术水平所占比例不到10%。企业界的安全培训,90%的精力用在占10%比重的安全技术水平上,只有不到10%的精力用在占90%比重的安全意识上。所以,班组长必须具有强烈的安全意识,并不断地对员工进行安全意识的培养。

2.1 安全意识的六大观念 ································ 14
    2.1.1 安全第一、预防为主、综合治理的观念 ································ 14
    2.1.2 安全效益的观念 ································ 15
    2.1.3 安全依靠科技的观念 ································ 15
    2.1.4 安全法制观念 ································ 15
    2.1.5 安全道德的观念 ································ 16
    2.1.6 安全管理长期性观念 ································ 16
2.2 员工安全意识薄弱的原因 ································ 16

|     |       |                                              |    |
| --- | ----- | -------------------------------------------- | -- |
|     | 2.2.1 | 对安全教育的忽视、厌倦心理                   | 16 |
|     | 2.2.2 | 对安全活动的应付心理                         | 16 |
|     | 2.2.3 | 对安全管理的逆反心理                         | 17 |
| 2.3 | 安全意识薄弱的表现                                   | 17 |
|     | 2.3.1 | 自我表现心理                                 | 17 |
|     | 2.3.2 | 侥幸心理                                     | 17 |
|     | 2.3.3 | "经验"心理                                   | 18 |
|     | 2.3.4 | 从众心理                                     | 18 |
|     | 2.3.5 | 逆反心理                                     | 18 |
|     | 2.3.6 | 反常心理                                     | 18 |
|     | 2.3.7 | 冷漠心理                                     | 19 |
|     | 2.3.8 | 紧张心理                                     | 19 |
| 2.4 | 提高员工安全意识的方法                               | 19 |
|     | 2.4.1 | 要加强安全生产的宣传                         | 19 |
|     | 2.4.2 | 对员工普及安全知识                           | 20 |
|     | 2.4.3 | 加强员工责任意识教育                         | 21 |
|     | 2.4.4 | 让员工明白自己是安全的最大受益者             | 21 |
|     | 2.4.5 | 坚持"四不放过"的原则                          | 21 |
|     | 2.4.6 | 让员工明白失去安全等于失去一切               | 21 |
| 2.5 | 班组必须树立的安全意识                               | 22 |
|     | 2.5.1 | "你的平安,是对家人最好的关爱"                 | 22 |
|     | 2.5.2 | "学会安全,活着就好"                           | 23 |
|     | 2.5.3 | "不伤害自己、不伤害他人、不被他人伤害"       | 23 |
|     | 2.5.4 | "安全连着你我他,防范事故靠大家"——互联互保    | 24 |
|     | 2.5.5 | "操作之时顾左右,相互要提醒"                   | 24 |
|     | 2.5.6 | "只要上岗,集中思想;工作再忙,安全勿忘"         | 24 |
|     | 2.5.7 | "岗位危害我识别,我的安全我负责"               | 24 |
|     | 2.5.8 | "放过隐患,必有后患"                           | 25 |
|     | 2.5.9 | "规章制度血写成,不要用血来验证"               | 25 |
|     | 2.5.10| "习惯性违章,不能习惯性不管"                  | 25 |

# 第二篇 安全生产常识

# 第 3 章 用电作业安全常识 ............................................ 28

触电对人的损害轻则受伤,重则送命。电气事故不仅毁坏用电设备,还会引起火灾。电气触电危险不同于机械危险那样容易被人们觉察,电是我们看不到的,因此电更具有危险性。为加强安全用电意识,防患于未然,有必要了解有关安全用电的常识,有备无患,安全生产。

3.1 关于人体触电的知识 ································································ 29
    3.1.1 电流伤害人体的因素 ················································· 29
    3.1.2 触电的方式 ······························································ 30
3.2 防止触电的技术措施 ································································ 31
    3.2.1 绝缘、屏护和间距 ···················································· 31
    3.2.2 接地和接零 ······························································ 33
    3.2.3 装设漏电保护装置 ···················································· 33
    3.2.4 采用安全电压 ·························································· 33
    3.2.5 加强绝缘 ································································· 34
3.3 与用电有关的用具 ··································································· 34
    3.3.1 绝缘用具 ································································· 34
    3.3.2 验电或测量用具 ······················································· 36
    3.3.3 其他用具 ································································· 41
3.4 班组安全用电的基本要求 ························································ 41
    3.4.1 要熟悉本厂生产车间主空气断路器（俗称总闸）的位置 ·· 42
    3.4.2 严格执行停电、送电和验电制度 ······························· 42
    3.4.3 临时用电接线要管好 ················································ 42
    3.4.4 手持式电动工具的使用 ············································· 43
    3.4.5 设备用电 ································································· 43
    3.4.6 其他注意事项 ·························································· 44
3.5 触电急救知识 ········································································· 44
    3.5.1 使触电者脱离带电体 ················································ 44
    3.5.2 急救 ········································································ 45
3.6 发生电气火灾的扑救 ······························································ 47
    3.6.1 断电灭火 ································································· 47
    3.6.2 带电灭火 ································································· 48
    3.6.3 充油电气设备的火灾扑救 ········································· 48
    3.6.4 旋转电动机的火灾扑救 ············································· 49

# 第 4 章 机械设备安全常识 ································ 50

    机械伤害事故是工业企业较为常见的事故类型。一般情况下，机械伤害事故引起的后果较为严重。在很多工作环境中，我们面对或使用机器时，如果不了解机械危害，不加以防范，就可能会发生安全事故。

4.1 机械设备的危险点 ··································································· 51
    4.1.1 狭窄点 ···································································· 51
    4.1.2 夹进点 ···································································· 51
    4.1.3 剪断点 ···································································· 51
    4.1.4 衔接点 ···································································· 52
    4.1.5 接线衔接点 ······························································ 52

4.1.6　回转卷入点……………………………………………………53
4.2　机械性伤害……………………………………………………………53
　　4.2.1　卷入和绞缠……………………………………………………53
　　4.2.2　卷入和碾压……………………………………………………53
　　4.2.3　挤压、剪切和冲撞……………………………………………54
　　4.2.4　飞出物打击……………………………………………………54
　　4.2.5　物体坠落打击…………………………………………………54
　　4.2.6　切割和擦伤……………………………………………………54
　　4.2.7　碰撞和剐蹭……………………………………………………54
　　4.2.8　跌倒、坠落……………………………………………………55
4.3　一般机械设备的危险因素……………………………………………55
　　4.3.1　传动装置的危险………………………………………………55
　　4.3.2　压力机械的危险………………………………………………56
　　4.3.3　机床的危险……………………………………………………56
4.4　机械设备危险的防护措施……………………………………………57
　　4.4.1　机械传动机构危险的防护……………………………………57
　　4.4.2　冲剪压机械危险的防护………………………………………58
4.5　几种常用机械的操作安全……………………………………………59
　　4.5.1　金属切削机械的安全…………………………………………59
　　4.5.2　冲压机械作业安全……………………………………………61
　　4.5.3　起重运输机械操作安全………………………………………63

# 第 5 章　危险化学品管理常识……………………66

　　由于危险化学品都具有易燃、易爆、有毒、有害或有腐蚀等危险特性，从它的生产到使用、储存、运输和经营等过程中，如果控制不当，极易发生事故，如火灾或爆炸、人员中毒或伤亡、污染生态环境等。企业必须切实加强危险化学品的安全管理，避免其可能带来的对生命、财产、健康及环境的伤害和损失。

5.1　化学危险品的认识……………………………………………………67
　　5.1.1　什么是化学危险品……………………………………………67
　　5.1.2　化学品安全说明书（MSDS）…………………………………68
　　5.1.3　化学品安全标签………………………………………………69
　　5.1.4　化学危险品特性的学习………………………………………70
5.2　搬运、装卸安全………………………………………………………71
　　5.2.1　搬运、装卸的基本要求………………………………………71
　　5.2.2　压缩气体和液化气体的搬运与装卸…………………………72
　　5.2.3　易燃液体的搬运与装卸………………………………………73
　　5.2.4　易燃固体的搬运与装卸………………………………………74

5.2.5　遇湿易燃物品的搬运与装卸 ……………………………… 75
　　5.2.6　氧化剂的搬运与装卸 …………………………………… 75
　　5.2.7　毒害物品及腐蚀物品的搬运与装卸 ……………………… 76
5.3　**储存保管、使用、废弃安全** …………………………………… 77
　　5.3.1　危险化学品的储存安全 …………………………………… 77
　　5.3.2　危险化学品的使用 ……………………………………… 82
　　5.3.3　危险化学品的废弃处理 …………………………………… 84
5.4　**危险化学品的劳动保护与急救** ………………………………… 84
　　5.4.1　劳动保护 ………………………………………………… 84
　　5.4.2　紧急事故的处理 ………………………………………… 87
　　5.4.3　现场急救 ………………………………………………… 89

## 第 6 章　高温作业安全常识 …………………………………… 91

　　盛夏高温季节，车间现场环境温度高，工作条件相对恶劣，工作人员劳动强度大，易出现过度疲劳、中暑现象，是事故多发时期。为确保高温季节安全作业，企业应结合高温季节车间出现的不安全情况，采取适当的应对措施。

6.1　**高温作业概述** …………………………………………………… 92
　　6.1.1　高温作业类型及其特点 …………………………………… 92
　　6.1.2　高温对人体健康的影响 …………………………………… 93
6.2　**防暑降温措施** …………………………………………………… 94
　　6.2.1　改善工作条件并配备防护设施、设备 ……………………… 94
　　6.2.2　加强个人防护 …………………………………………… 95
　　6.2.3　制定合理的劳动休息制度 ………………………………… 95
　　6.2.4　加强卫生保健和健康监护 ………………………………… 95
6.3　**中暑的急救** …………………………………………………… 97
　　6.3.1　中暑的表现 ……………………………………………… 97
　　6.3.2　中暑的现场急救措施 ……………………………………… 97
　　6.3.3　中暑应急救援流程图 ……………………………………… 98

## 第 7 章　低温作业安全常识 ………………………………… 100

　　低温作业是指在寒冷季节从事室外及室内无采暖的作业，或在冷藏设备的低温条件下以及在极区的作业。在低温环境中，由于机体散热加快，可引起身体各系统一系列生理变化，重者可造成局部性或全身性损伤，如冻伤或冻僵，甚至引起死亡。一些新进员工往往对低温作业的危害不以为然，班组长有必要对这类员工进行教育，使之服从工厂对防护服穿戴方面的要求。

- 7.1 低温作业概述 ········································································ 101
  - 7.1.1 哪些作业属于低温作业 ················································· 101
  - 7.1.2 低温对人体的危害 ······················································· 101
- 7.2 低温作业的劳动保护 ··························································· 102
  - 7.2.1 管理措施 ···································································· 102
  - 7.2.2 定期进行健康监护 ······················································· 103
  - 7.2.3 日常生活中多锻炼 ······················································· 103
  - 7.2.4 饮食方面调理 ······························································ 103
  - 7.2.5 温度调节 ···································································· 104

# 第 8 章 密闭空间作业安全常识 ········································ 105

密闭空间是指密封式或半密封的地方，它的设计并非实际人员工作的场地。密闭空间可能潜藏着危害因素，或者因为工作的影响，产生了新的危害因素。在这些环境工作，将会是危机四伏，尤其是气体中毒，一不小心便会引致意外，往往会造成一连串安全事故的发生。

- 8.1 密闭空间概述 ········································································ 106
  - 8.1.1 密闭空间的三个条件 ··················································· 106
  - 8.1.2 密闭空间的危害因素 ··················································· 107
  - 8.1.3 密闭空间作业的主要危险 ············································· 108
- 8.2 密闭空间作业前的工作 ························································ 109
  - 8.2.1 隔离密闭空间 ······························································ 109
  - 8.2.2 通风及空气置换 ·························································· 110
  - 8.2.3 进行气体采样检测 ······················································· 112
  - 8.2.4 PPE 及应急救援设备的配备 ········································· 112
  - 8.2.5 申请进入密闭空间作业许可证 ······································ 112
- 8.3 作业中的安全防范 ······························································· 115
  - 8.3.1 作业人员安全防范 ······················································· 115
  - 8.3.2 监护者的责任 ······························································ 117
  - 8.3.3 所有作业结束后的工作 ················································ 118
- 8.4 密闭空间中毒窒息事故急救 ················································· 118
  - 8.4.1 事前可能出现的征兆 ··················································· 118
  - 8.4.2 紧急处置措施 ······························································ 119

# 第 9 章 高处作业安全常识 ……………………………… 120

高处作业主要包括临边、洞口、攀登、悬空、交叉五种基本类型,这些类型的高处作业是伤亡事故可能发生的主要地点。高处作业造成的危害主要为高空坠落和物体打击,高处作业严重威胁着施工作业人员的人身安全,为此,企业有必要对高空事故进行预防监控,以便采取相应的措施,减少事故的发生。

- 9.1 高处作业的危险隐患 ……………………………………………… 121
- 9.2 高处坠落防护 ……………………………………………………… 123
  - 9.2.1 消除坠落隐患 ………………………………………………… 123
  - 9.2.2 坠落预防 ……………………………………………………… 124
  - 9.2.3 坠落控制 ……………………………………………………… 125
- 9.3 高处作业前的准备工作 …………………………………………… 125
  - 9.3.1 作业人员的基本要求 ………………………………………… 125
  - 9.3.2 作业人员的培训 ……………………………………………… 125
  - 9.3.3 作业前准备工作 ……………………………………………… 125
- 9.4 高处作业的安全措施 ……………………………………………… 126
  - 9.4.1 人员坠落的防护 ……………………………………………… 126
  - 9.4.2 脚手架使用要求 ……………………………………………… 128
  - 9.4.3 梯子使用要求 ………………………………………………… 128
  - 9.4.4 救生索使用要求 ……………………………………………… 131
  - 9.4.5 安全网使用要求 ……………………………………………… 132
  - 9.4.6 锚固点要求 …………………………………………………… 132
  - 9.4.7 其他安全作业要求 …………………………………………… 132
- 9.5 高处坠落应急处理 ………………………………………………… 133
  - 9.5.1 高处坠落受伤人员施救的过程 ……………………………… 133
  - 9.5.2 呼吸、心跳情况的判定 ……………………………………… 134
  - 9.5.3 判断有无意识的方法 ………………………………………… 134
  - 9.5.4 呼吸和心跳均停止时的处理 ………………………………… 134
  - 9.5.5 骨折急救 ……………………………………………………… 134
  - 9.5.6 抢救过程中的再判定 ………………………………………… 134

# 第 10 章 消防知识培训与演练 ……………………………… 136

消防安全是每个企业的头等大事。企业平时要强化员工的消防安全知识,同时为提高火灾防控能力和突发事件应急救援能力,可定期组织班组成员参加工厂组织的应急疏散演练及消防安全知识培训。

## 10.1 认识火灾 ............................................................ 137
### 10.1.1 引起火灾的原因 ............................................. 137
### 10.1.2 火灾的性质 .................................................... 138
### 10.1.3 火灾发展的四个阶段 ..................................... 138
### 10.1.4 火灾分类 ....................................................... 138
## 10.2 灭火 .................................................................... 138
### 10.2.1 灭火的方法 .................................................... 138
### 10.2.2 灭火器的使用 ................................................ 139
### 10.2.3 消防水系统的使用 ........................................ 140
### 10.2.4 消防水灭火的编队演练 ................................ 143
## 10.3 火灾报警 ............................................................ 144
## 10.4 火场逃生 ............................................................ 145
### 10.4.1 要熟悉周围环境并记牢消防通道路线 ........ 146
### 10.4.2 冷静地尽快撤离 ............................................ 146
### 10.4.3 要利用消防通道而不可进入电梯 ................ 147
### 10.4.4 用各种合适的方法逃生 ................................ 147
### 10.4.5 被烟火围困暂时无法逃离时的注意事项 .... 148
## 10.5 消防演习 ............................................................ 149
### 10.5.1 消防安全培训与演练计划 ............................ 150
### 10.5.2 消防安全培训与演练的实施 ........................ 150
### 10.5.3 总结与报告 .................................................... 150

# 第三篇  班组安全生产管理技能

# 第11章  班组安全教育 ............................................... 152

安全教育培训是安全文化建设的重要组成部分。对于班组来说，安全教育是安全工作的主要内容之一，是搞好安全生产、完成工作任务的基础。

## 11.1 新员工入厂"三级安全教育" .......................... 153
### 11.1.1 新员工入厂安全教育的要求 ........................ 153
### 11.1.2 新员工入厂教育的内容 ................................ 153
### 11.1.3 新员工三级教育的记录 ................................ 154
## 11.2 特种作业人员安全教育 ................................... 157
### 11.2.1 特种作业及人员范围 .................................... 157
### 11.2.2 特种作业人员的要求 .................................... 158
### 11.2.3 特种作业人员的教育培训 ............................ 158

11.3 调岗、复工安全教育 ·············· 158
   11.3.1 调岗安全教育 ·············· 158
   11.3.2 复工安全教育 ·············· 159
11.4 班组安全教育的方法 ·············· 159
   11.4.1 反复进行 ·············· 160
   11.4.2 强化印象 ·············· 160
   11.4.3 利用"五官" ·············· 160
   11.4.4 理解功能 ·············· 160
   11.4.5 利用专栏、板报进行安全教育 ·············· 160

## 第 12 章　开好班前班后会 ·············· 162

   班前会和班后会是企业生产班组实施工作任务前后进行的生产组织活动形式。一个班组进班前,班组长组织本班人员开好班前会,是很多企业班组通行的做法,也是班组安全管理的需要。班前班后会开不开、怎么开、开得好不好、达到什么效果,直接反映了班组长的安全管理水平。

12.1 开好班前会 ·············· 163
   12.1.1 班前安全会的基本要求 ·············· 163
   12.1.2 班组长的事前准备 ·············· 163
   12.1.3 班前安全会的流程 ·············· 164
12.2 召开班后会 ·············· 166
   12.2.1 班后会的基本要求 ·············· 166
   12.2.2 班后会的主要内容 ·············· 167
12.3 班前班后会安全记录 ·············· 167

## 第 13 章　生产中安全督导 ·············· 172

   生产过程中的安全包括:人员安全、设备安全、产品安全。生产过程中的安全是指人不受到伤害,财产不受到损失,生产秩序稳定持续进行的正常状况。要确保生产过程中的安全,班组长要做好督导工作。

13.1 关注作业环境 ·············· 173
13.2 关注员工的状况 ·············· 174
13.3 督导员工严格执行安全操作规程 ·············· 175
   13.3.1 在操作过程中要保持精力集中 ·············· 176
   13.3.2 在操作中要认真做到文明操作 ·············· 176
13.4 监督员工严格遵守作业标准 ·············· 177

13.5 监督员工穿戴劳保用品 ·················· 178
   13.5.1 劳保用品的种类 ·················· 178
   13.5.2 劳保用品的发放标准 ·················· 180
   13.5.3 监督并教育员工按照要求佩戴和使用劳保用品 ·················· 181
13.6 做好交接班工作 ·················· 183
   13.6.1 交接班的内容 ·················· 183
   13.6.2 交班要求 ·················· 183
   13.6.3 接班要求 ·················· 184
   13.6.4 交接班记录 ·················· 184
13.7 开展班组安全生产巡查 ·················· 186
   13.7.1 为什么需要检查 ·················· 186
   13.7.2 班组长安全检查的内容 ·················· 186
   13.7.3 班组安全检查表 ·················· 187

# 第四篇 安全生产事故防范

## 第 14 章 安全生产事故的原因 ·················· 192

造成生产安全事故的原因主要有：人的不安全行为、物的不安全状态、环境的原因、管理上的缺陷。为了避免生产事故的发生，班组长必须掌握所在作业场所的不安全原因并采取相应的措施加以预防。

14.1 安全的"多米诺骨牌"效应 ·················· 193
14.2 引起生产事故的人与物 ·················· 195

## 第 15 章 作业安全预防 ·················· 197

班组的安全生产工作，必须以人为本，运用先进的手段对生产作业的全过程进行管理，做好安全生产的准备和保护，以应付攻击或者避免受害，从而使班组成员处于没有危险、不受侵害、不出现事故的安全状态。显而易见，安全是目的，防范是手段，通过防范的手段达到或实现安全的目的，就是安全预防的基本内涵。

15.1 运用岗位安全应急卡 ·················· 198
   15.1.1 岗位安全应急卡的作用 ·················· 198
   15.1.2 岗位安全应急卡的内容 ·················· 198
   15.1.3 岗位安全应急卡的使用 ·················· 201

15.2 安全生产确认制 ........................................... 201
    15.2.1 为什么要进行安全确认 ........................... 201
    15.2.2 确认制的应用范围 ............................... 202
    15.2.3 确认的程序 ..................................... 203
    15.2.4 确认的方法 ..................................... 204
15.3 危险信息要沟通及时、准确 ............................... 205
    15.3.1 危险信息沟通与事故发生 ......................... 205
    15.3.2 信息沟通的障碍与解决 ........................... 206
15.4 开展危险预知训练 ....................................... 208
    15.4.1 KYT 的起源 ..................................... 208
    15.4.2 KYT 的适用范围 ................................. 209
    15.4.3 班组危险预知活动的目的 ......................... 209
    15.4.4 危险预知活动的实施 ............................. 209
    15.4.5 KYT 活动卡片的填写与管理 ....................... 212
15.5 操作者人为失误预防 ..................................... 213
    15.5.1 分析操作者人为失误原因 ......................... 213
    15.5.2 采取预防措施 ................................... 213

# 第 16 章 消除习惯性违章 ........................................ 215

根据事故统计分析，90%的事故是由于直接违章所造成的，尤其突出的是，这些违章大都是频发性或重复性出现的。消除习惯性违章行为，对确保班组安全生产有重大的作用。

16.1 习惯性违章的危害 ....................................... 216
16.2 习惯性违章的原因 ....................................... 217
    16.2.1 违章人员的行为动机 ............................. 217
    16.2.2 物的不安全因素引发违章 ......................... 222
16.3 习惯性违章人员的特点 ................................... 223
    16.3.1 固有型危险人 ................................... 223
    16.3.2 突发型危险人 ................................... 224
    16.3.3 积极型危险人 ................................... 224
16.4 厂内常见违章行为 ....................................... 225
    16.4.1 违反劳动纪律 ................................... 225
    16.4.2 不按规定穿戴劳动保护用品、使用用具 ............. 225
    16.4.3 违反安全生产管理制度 ........................... 226
    16.4.4 违反安全操作规程 ............................... 226
16.5 违章发生的规律 ......................................... 227
    16.5.1 违章的多发时间 ................................. 227

16.5.2 违章的多发作业 227
16.5.3 违章的多发行业 228
16.5.4 违章容易发生在人处于自己生物节律的临界或低潮期 228
16.5.5 其他情况的多发 228
16.6 班组怎样杜绝习惯性违章 228
16.6.1 班组成员轮流安全值周 229
16.6.2 班组设立安全监督岗 229
16.6.3 建立班组安全学习制度 229
16.6.4 进行专业技术培训以提高班组成员的安全操作技能 230
16.6.5 教会班组成员预防习惯性违章的方法 230
16.6.6 对习惯性违章者进行处罚 230
16.6.7 尽可能采用防错、容错措施 230
16.6.8 狠抓现场安全管理 231

# 第17章 工伤事故的紧急处理 243

为避免事故发生后对伤员造成更大的伤害，造成伤情的进一步恶化，将事故造成的损失降至最低，班组长有必要掌握工伤事故的紧急处理顺序、紧急救助的方法及事故发生后的调查处理程序。

17.1 工伤事故的紧急处理顺序 244
17.1.1 工伤事故处理程序 244
17.1.2 工伤事故紧急处理措施 244
17.2 常用急救技术 245
17.2.1 止血 245
17.2.2 包扎 246
17.2.3 固定 247
17.2.4 搬运 247
17.2.5 伤员转送时的要点 248
17.3 事故的调查 249
17.3.1 搜集物证 249
17.3.2 记录相关材料 249
17.3.3 收集事故背景材料 249
17.3.4 搜集目击者材料 250
17.3.5 拍摄事故现场 250
17.3.6 填写安全事故报告书 250

# 第一篇
# 班组安全责任与意识

# 第1章 班组安全责任

班组长安全管理培训手册

**引言** 　　安全生产工作是人命关天的大事,也是一项非常实际的工作,不得有半点马虎和虚假。因此,班组长要有高度的责任心和认真负责的工作态度,时时、事事、处处想到员工的安全和健康。

## 1.1 班组在安全中的作用

班组是企业的基层组织,是加强企业管理,搞好安全生产的基础,它好比大厦的地基,地基不结实,大厦就有倒塌的危险。所以班组安全管理工作的好坏,直接决定了企业安全生产的状况。

企业里,绝大部分事故发生在班组,因此,班组是事故的主要"发源地",只有班组的安全工作搞好了,事故频率减少了,整个企业的各项安全管理措施才落到了实处,安全管理才能收到实效。如果班组长管理不善,或责任心不强,对违章违纪听之任之,发生事故的概率将大大增加。

**案例**

某工厂水解反应釜又发生了泄漏,班长王强知道后按常规简单地向维修部写了一张维修单。操作工陈明认为不能这样做:"班长啊,这个水解反应釜三番四次泄漏,一定是出了什么问题。我们不能这样简单维修一下,最好是报告上级,找一些专家过来全面检查一下。"

王强听了不耐烦:"没事,凭我多年的工作经验,这只是个小意外,不要大惊小怪啦!况且维修部过来维修的时候,如果有问题一定能查出来。"

几天后,正在运行的水解反应釜突然爆炸,设备完全炸毁,造成8人死亡、4人重伤、13人轻伤,直接经济损失300余万元。

## 1.2 班组长的安全责任

班组长是一个班组的头,是兵头将尾,是班组的安全生产第一责任人,其责任相当重大。

班组长是班组的安全生产第一责任人,同时又是完成班组生产任务的核心人物,这就决定了班组长在管好生产的同时,必须管好安全,否则在生产中发生不安全现象乃至事故,班组长的责任是不可推卸的。班组长的具体安全职责如下。

(1)认真执行劳动保护方针政策、规章制度以及本企业和本车间的安全工作指令、决定等,对本班组工人在生产中的安全和健康负责。

(2)根据生产任务、劳动环境和工人的身体、情绪、思想状况具体布置安全工作，做到班前布置、班后检查。

（3）经常教育和检查本班组工人正确使用机器设备、电器设备、工夹具、原材料、安全装置、个人防护用品等，做到机器设备处于良好状态，保持成品、半成品、材料及废物合理放置，通道畅通、场地整洁，消除一切不安全因素和事故隐患。

（4）对本班组工人进行安全操作方法的指导，并检查其对安全技术操作规程的遵守情况。

（5）督促班组安全员认真组织每周的安全活动，做好对新员工、调换工种和复工人员的安全生产知识教育。

（6）发生伤亡事故时，应立即报告车间领导，并积极组织抢救，除防止事故扩大采取必要的措施外，应保护好现场。组织班组按"三不放过"的原则，对伤亡事故进行分析，吸取教训，举一反三，抓好整改。督促安全员认真填写"员工伤亡事故登记表"，按规定的时间上报。

（7）积极组织开展"人人身边无隐患活动"，制止违章指挥和违章作业，严格执行"安全否决权"。

（8）加强对班组安全员的领导，积极支持其工作。对各种安全生产档案资料应做到制度化、规范化、科学化。

有的企业会组织全体员工参加一个安全大会（如图1-1所示），签下安全责任书（如下范本），班组长可从责任书中，了解自己的安全责任。

某工厂班组成员进行安全宣誓活动

图1-1　企业安全大会

【范本】

### 领班、班组长安全生产责任书

领班、班组长安全生产职责如下。

（1）执行本公司和车间安全生产规定和要求，对本班组的安全生产全面负责。

（2）组织员工学习并贯彻执行公司、车间各项安全生产规章制度和安全技术操作规程，教育员工遵守法纪，制止违章行为。

（3）组织并加强安全活动，坚持班前讲安全、班中检查安全、班后总结安全。

（4）负责对新老员工进行岗位安全教育。

（5）负责班组安全检查，发现不安全因素及时组织力量消除，并报告上级。

（6）发生事故立即报告，并组织抢救，保护好现场，做好详细记录。

（7）搞好本班组生产设备、安全装置、消防设施、防护器材和急救器具的检查维护工作，使其保持完好和正常运行；督促教育员工正确使用劳动保护用品。

（8）不违章指挥，不强令员工冒险作业。

（9）本部门第一安全责任人委托的其他安全工作。

我们承诺：坚决履行上述安全生产职责和义务，认真抓好本班组安全生产工作。

签发人（部门安全生产第一责任人）：_____

责任人签名：　　　　　　　　　　　　日期：　年　月　日

| 序号 | 姓　名 | 工　号 | 职　位 | 签名 |
|---|---|---|---|---|
| 1 | | | | |
| 2 | | | | |
| 3 | | | | |
| 4 | | | | |
| 5 | | | | |
| … | | | | |

## 1.3　班组成员的安全责任

班组成员是班组长的直接下属，包括班组中所有岗位的员工。班组中所有岗位的每个人都有安全责任。

### 1.3.1　班组成员的安全责任

（1）坚持"安全第一，预防为主"的方针，严格遵守企业各项安全生产规章制度和安全操作规程，正确使用和保养各类设备及安全防护设施，不准乱开、乱动非本人操作的设备和电气装置。

（2）上班前做好班前准备工作，认真检查设备、工具及其安全防护装置，发现不安全因素应及时报告安全员或班组长。

（3）按规定认真进行交接班，交接安全生产情况，并做好记录。

（4）积极参加和接受各种形式的安全教育及操作训练，参加班组安全活动，虚心听取安全技术人员或安全员对本人安全生产的指导。

（5）按规定正确穿戴、合理使用劳动保护用品和用具，对他人的违章作业行为有责任规劝，对违章指挥有权拒绝执行，并立即报告有关领导和厂安全技术人员。

（6）经常保持工作场地清洁卫生，及时清除杂物，物品堆放整齐稳妥，保证道路安全畅通。

（7）发生工伤、工伤未遂等事故或发现事故隐患时，应立即抢救并及时向有关领导和安全技术人员（安全员）报告，应保护好现场，积极配合事故调查，提供事故真实材料。

### 1.3.2　如何明确班组成员的责任

企业通常会在各种会议上，如早会、部门大会、班前班后会上讲解员工的安全责任。有时候也会在员工培训（新员工入职培训、在职员工培训、安全专题培训）上不断地强调员工的安全责任。当然，有些企业甚至很慎重地开一个安全大会，组织班组成员签订"安全生产责任书"（如下范本），使其真正地知道自己的安全责任。

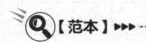
【范本】▶▶▶

**员工安全生产责任书**

员工安全生产职责如下。

（1）严格遵守公司各项安全管理制度和操作规程，不违章作业，不违反劳动纪律，对本岗位的安全生产负直接责任。

（2）认真学习和掌握本工种的安全操作规程及有关安全知识，努力提高安全技术。

（3）精心操作，严格执行工艺流程，做好各项纪录，交接班必须交接安全情况。

（4）了解和掌握工作环境的危险源和危险因素，发现各种事故隐患时积极进行报告。

（5）发生事故，要正确处理，及时、如实地向上级报告，并保护现场。

（6）积极参加各种安全活动，发现异常情况及时处理和报告。

（7）正确操作、精心维护设备、保持作业环境整洁，有序。

（8）按规定着装上岗作业，正确使用各种防护器具。

（9）有权拒绝违章作业的命令，对他人违章作业予以劝阻和制止。

我们承诺：坚决履行上述安全生产职责和义务，认真做好本岗位的安全生产工作。

签发人（部门安全生产第一责任人）：_____

责任人签名：_____　　　　　　　　日期：　年　月　日

| 序号 | 姓名 | 工号 | 工种 | 签名 | 序号 | 姓名 | 工号 | 工种 | 签名 |
| --- | --- | --- | --- | --- | --- | --- | --- | --- | --- |
| 1 | | | | | 5 | | | | |
| 2 | | | | | 6 | | | | |
| 3 | | | | | 7 | | | | |
| 4 | | | | | 8 | | | | |

# 1.4　班组安全目标与实施

## 1.4.1　了解班组的安全生产目标

安全生产目标是安全生产所要达到的目标，通常以千人负伤率、万吨产品死亡率、尘毒作业点合格率、噪声作业点合格率和设备完好率等预期达到的目标值来表示。

### 1.4.1.1　安全目标的内容

安全目标内容包括确定企业安全方针和总体目标，为实现目标而制定的对策措施有以下三个方面。

（1）企业安全目标方针。企业安全目标方针应根据上级的要求和企业的主客观条件，经过科学分析、充分论证后加以确定，使用的文字应既简明扼要又激励人心。

（2）企业总体安全目标。总体目标是目标方针的具体化，它具体地规定企业实现目标方针在各主要方面应达到的要求和水平。总体目标由若干项目组成，每一个目标项目都应达到规定标准，而且这个标准必须数值化，即一定要有定量的目标值。一般来说，目标项目可以包括如图1-2所示的各个方面。

项目一　工伤事故的次数和伤亡人数限度指标

它是指各企业根据其生产类型和规模大小因素，确定出各类工伤事故发生的次数和伤亡人数；工伤事故指标是安全目标管理中最重要的一项内容，是企业安全工作好坏的标志

项目二　工伤事故的经济损失

主要包括以下损失
——休工工时的损失
——停工工时的损失
——设备、工具等物资的损失
——工伤治疗费用
——需要到外地治疗的费用（除床位费、医疗费外，还有路费、住宿费、伙食补助等）
——死亡抚恤费
——配制假肢、假眼、假发和假牙等费用
——其他费用，如轮椅、交通事故赔偿费等

项目三　日常安全管理工作的数据指标

对于日常安全工作如安全教育、安全评比、不安全因素的检查及整改等应转化为数据目标，可以将这类工作按其重要性和管理的难易程度，人为地给定一个标准分类，并按这些指标进行管理

项目四　企业安全部门主管的费用指标

这类费用包括防护用品费、安全技术措施费、清凉饮料费等，这些费用虽然不是目标管理的主要指标，但它们与企业经济效益有关，也须定出指标，不得超越适当范围

图1-2　安全目标的项目

（3）对策措施。为了保证安全目标的实现，在制定目标时必须制定相应的对策措施，作为安全目标不可缺少的组成部分。

#### 1.4.1.2　分解安全目标

根据整分原理，制定安全目标就是整体规划，之后还会明确分工。即在企业的总安全目标制定以后，自上而下层层展开，分解落实到各部门、车间、班组和个人，纵向到底，横向到边，使每个组织、每个员工都确定自己的目标和明确自己的责任，形成一个个人保班组、班组保车间、车间保厂部，层层互保的目标连锁体系。班组长要积极地了解本车间、班组的安全目标。以下为某企业某一班组的安全生产目标责任书，透过这一责任书，就可以充分地了解班组的安全目标及实现的要求。

【范本】班组人员安全生产目标责任书 ▶▶▶

### 班组人员安全生产目标责任书

**一、班组人员安全生产职责**

（1）严格遵守国家及各级政府、主管部门制定的安全生产法律、法规并自觉接受监督。

（2）认真贯彻"安全第一，预防为主"的安全生产方针，深化安全生产的"双基"工作。

（3）切实落实车间主任布置的各项工作，在操作作业中严格执行公司制定的安全规章制度和生产操作规程。

（4）正确佩戴劳保用品，正确使用消防器材。

（5）加强对特种设备、特种作业人员的管理，确保安全生产。

（6）认真开展岗位自查、自纠工作，发现问题及时解决。

（7）积极参加公司组织的各类安全培训、教育活动。

（8）在工作过程中注意向相关方施加安全生产方面的影响。

（9）积极协助安全管理部做好安全、环保、职业健康工作。

（10）积极参加班组安全活动。

（11）努力学习专业知识，精通业务，钻研技术，不断提高工作水平。

（12）工作过程中相互配合、相互提醒，发现问题及时处理、汇报。

（13）作为事故应急小组成员的，应明确职责，切实履行。

**二、目标**

（1）质量、安全、环保、职业健康安全零事故。

（2）按计划参加培训率达90%。

（3）按计划参加班组活动率达90%。
（4）劳保用品正确佩戴率达100%。
（5）有效执行操作规程率100%。

三、奖惩办法

（1）年内公司将对以上目标进行考核，达到目标要求的，进行表彰奖励，达不到目标要求的，公司视情节给予处罚。

（2）自觉履行法定义务，完成年度目标，可评为安全生产工作先进个人。

（3）对未达标的个人，实行一票否决，公司给予取消其评比先进的资格。

（4）对于玩忽职守，工作不负责任造成一定后果的人员，公司将根据情节轻重严肃处理，直至追究刑事责任。

（5）因管理不力致使区域内存在的重大安全隐患不能及时整改或造成重大安全事故的，对有关责任人员按照国务院《关于特大安全事故行政责任追究的规定》给予行政处分，构成犯罪的，依法追究刑事责任。

责任人签字：　　　　　　　　　　　日期：
部门主管签字：　　　　　　　　　　日期：

要主动地去了解企业的安全目标，并且组织班组成员进行目标的分解。

## 1.4.2　实施安全目标

实施安全目标就是采取具体的措施来确保达成安全生产目标。

### 1.4.2.1　班组安全管理责任分担

生产是整个班组成员协作完成的，所以每一个人都要参与安全管理。表1-1是某企业的班组安全管理责任分担一览表，供参考。

表1-1　班组安全管理责任分担一览表

| 状态 | 事项 | 工作内容 | 责任人 |
| --- | --- | --- | --- |
| 日常管理 | 1.灭火器材点检 | （1）确保灭火器在有效使用期限，消火栓、水带无破损<br>（2）上述器材无灰尘锈迹 | ×× |
| | 2.化学物品保管 | 确保化学物品保管在铁柜内；化学物品无泄漏 | ×× |
| | 3.设备安全装置点检 | 所有安全装置有效；注油、防锈 | ×× |
| | 4.插座、电源开关点检 | 无破损、无漏电，接触良好 | ×× |
| | 5.劳保用品管理 | 用品数量保证；穿戴规范监督 | ×× |
| | 6.空调、抽风机点检 | 空调、抽风机正常运转 | ×× |

续表

| 状态 | 事项 | 工作内容 | 责任人 |
|---|---|---|---|
| 火灾发生时 | 1.报告、联络 | 发出报警信号,并向上级报告 | ××、×× |
| | 2.切断电源 | 切断车间设备电源 | ××、×× |
| | 3.组织灭火 | 火势初期,迅速组织义务消防队员运用各种手段灭火,如火势不受控制,应及时撤离 | ××、××、××、×× |
| | 4.重要物资、文件转移 | 负责重要物资、文件转移,但情况紧急时,应放弃物资、文件转移,及时撤离 | ××、×× |
| | 5.人员疏散、清点 | 在门口、楼梯口等重要处所指挥人员疏散到安全集中地集合,清点人数后向上级报告 | ××、×× |

表1-1给出的只是职责分担表,日常的点检表、紧急状态时的反应措施会有更详细描述,在此就不一一列出。另外,车间的消防器材分布图、逃生路线图、紧急情况联络图等都应当张贴在显要的位置,以便员工周知。

当每一位员工都参与到实际的安全管理工作中,他们的安全知识、安全技能才能得到有效提高,安全意识也就自然而然地树立起来了。优秀的班组长还会安排按一定时间进行安全分担的轮换,以使得员工的安全技能得到全面提高。如图1-3所示。

图1-3 安全交流会

通过交流,加强安全目标的学习与认知

#### 1.4.2.2 自我管理

即要求每个员工都充分发挥自己的主观能动性和创造精神,追求实现自己的目标,独立自主地开展活动,抓紧落实、实现所制定的对策措施。

(1) 要实行必要的监督和检查,通过监督检查,对目标实施中好的典型要加以表扬和宣传。

（2）对偏离既定目标的情况要及时指出和纠正，对目标实施中遇到的困难要采取措施给予关心和帮助。

#### 1.4.2.3　便于上下交流

建立健全信息管理系统，以使上情能及时下达、下情能及时反馈，从而使上级能及时有效地对下属进行指导和控制，也便于下属能及时掌握不断变化的情况，及时作出判断和采取对策，实现自我管理和自我控制。如图1-4所示。

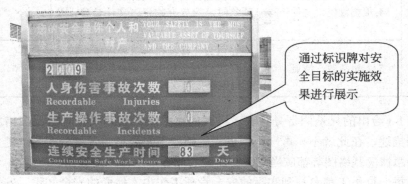

图1-4　标识牌展示的安全目标

#### 1.4.2.4　遵守工厂的安全教育及检查评比安排

（1）安全教育。可从以下方面进行：每月由车间管理人员向本车间全体员工进行一次综合安全教育，时间不得少于一小时；每周由班组长向班组员工进行一次安全教育，时间不得少于半小时；应有专门的安全宣传阵地，宣传内容每月应更换两次。

（2）安全检查。如每天应有一名车间管理人员上岗进行安全巡查。

（3）整改不安全因素。可以规定根据安全主管部门下达的整改计划，其完成率不得低于90%。安全主管部门每月应专门组织三次违章检查，每次检查车间的违章率应为零。

（4）管理安全控制点。包括制度无漏洞、检查无差错、设备无故障、人员无违章。

（5）安全评比。如每月组织安全评比活动，评出安全优胜班组。

# 第2章 安全意识培训

引言

有调查显示，事故人为的因素中，安全意识占到90%多，而安全技术水平所占比例不到10%。企业界的安全培训，90%的精力用在占10%比重的安全技术水平上，只有不到10%的精力用在占90%比重的安全意识上。所以，班组长必须具有强烈的安全意识，并不断地对员工进行安全意识的培养。

## 2.1 安全意识的六大观念

安全意识是人多种意识当中的一种，是人所特有的对安全生产现实的心理反映，是人的大脑对安全的认识和理解而产生的各种思维，是从公司领导到每一位员工对安全工作方面的认识和理解，它和安全认识紧密联系，其核心是安全知识，没有安全知识就谈不上安全意识。

### 2.1.1 安全第一、预防为主、综合治理的观念

安全第一、预防为主、综合治理的观念就是要求公司所有人员，都要确立"安全就是生命"的思想，坚持把安全作为企业生存和发展的第一因素来抓，当生产和安全发生矛盾时，生产要让位于安全，不能因为赶时间、抢进度而忘了安全操作规程、忘了交代和布置安全工作。如图2-1、图2-2所示。

图2-1 树立安全第一的理念

图2-2 树立安全在生产中的核心思想

## 2.1.2　安全效益的观念

安全是一种生产力,安全投入是有一定产出的,它体现在:一方面是事故发生率降低,损失减少;另一方面是安全方面的投入具有明显的增值作用,可以提高作业人员的工作效率。

## 2.1.3　安全依靠科技的观念

因施工工艺粗糙、设备性能质量低、健康水平差,生产安全得不到保障,利用先进的生产设备和合格工艺的安全意识,可大幅度降低安全事故率。

## 2.1.4　安全法制观念

安全法制是企业安全管理的中心环节,是人员对安全有知法、守法以及法律监督,在思想认识和实际行动上的统一和体现,使安全做到有法可依。公司全体人员应切实遵守和执行国家的安全法律法规等安全法律制度,并对安全事故的责任者要实事求是地依法追究责任,同时要不断提高员工的安全法律、法规观念。如图2-3所示。

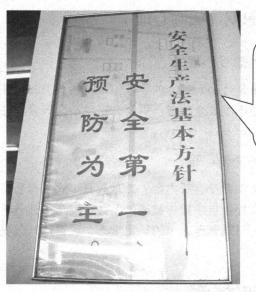

将安全生产法对安全生产方针的要求挂在墙上,时时提醒员工要有"安全第一,预防为主"的意识

图2-3　安全生产法基本方针宣贯

### 2.1.5 安全道德的观念

良好的安全道德观念是安全意识的最高境界，是安全文化培养的最高目标，也是当今安全管理方面的至高要求。在工作中，不使自己受到伤害，不伤害别人，凡事都以安全第一，不断学习业务技能，提高自身的安全防范能力等就是良好安全道德观。

### 2.1.6 安全管理长期性观念

安全管理存在于企业生产活动的始终，进行有效的安全管理必须有长远观念。要搞好安全管理，必须着眼于长远，制订安全计划、安全目标，不断创新安全管理方法，从而持续不断地提高企业安全管理。

## 2.2 员工安全意识薄弱的原因

安全意识薄弱是指人在心理上轻视、不重视安全的重要性，以为事故不可能降临到自己身上的心理状态。安全意识薄弱主要是由以下心理因素构成。

### 2.2.1 对安全教育的忽视、厌倦心理

#### 2.2.1.1 对安全教育的忽视心理

安全教育对公司全体人员是件必不可少的事，但是有的人员却不在意，认为很多生产工作是简单劳动，受不受安全教育不重要，这种心理只要存在就会对搞好安全教育产生负面影响。

#### 2.2.1.2 对安全教育的厌倦心理

造成这种原因，一是安全教育没有新内容；二是教育形式没有新变化，形式单调，过安全日时只是念念文件，学学操作技能，尤其在安全事故分析时，对人不对事的讨论现象时有发生；三是管理人员的举止形态、说话语气欠妥，会使员工对安全教育产生厌倦心理。

### 2.2.2 对安全活动的应付心理

有的人员认为只要工作中小心一点，事故就不会发生在自己身上，参加班组

安全活动牺牲了自己的时间，但不参加安全活动却面临考核，心灵深处并不想参加安全活动，所以活动中对内容并不关心。另外，有的安全活动组织者专业知识缺乏，学习内容没有针对性，部分人员自然要产生应付心理。

### 2.2.3 对安全管理的逆反心理

部分人员产生逆反心理的原因是多方面的，主要表现如下。

（1）对员工的"违章"行为处理失当。比如，不能坚持原则，讲关系和讲情面的情况存在，或者随意性大，对相关责任人处理不平衡等行为，使部分员工产生反感，产生对立情绪。

（2）对员工的违章行为以罚代教。员工违章了，不对员工进行说服教育，没有使员工从道理上明白为什么要搞好安全，只是一罚了事，使员工产生逆反心理。

## 2.3 安全意识薄弱的表现

安全意识薄弱的表现是指轻视安全意识的心理在人的行为、习惯的体现，也就是其外在的表现。

### 2.3.1 自我表现心理

有这种心理的人员，喜欢在别人面前表现自己的能力，工作中常常是表现得很自信，显得很有把握，即便是一知半解也充内行，不懂装懂，盲目操作，生硬作业。

### 2.3.2 侥幸心理

有这种心理的人员，工作常常从图省事出发，对明明要注意的安全事项不去注意，明令禁止的操作方法他照样去操作，凭主观感觉把安全操作方法视为多余的、烦琐的作业。

 案例

某日，工厂一电工在检修变压器时，明知进线刀闸带电，在无监护人情况下该电工却独自架梯登高作业，身体离进线刀闸过近（小于0.7米），遭电击，从1.9

米高处坠落撞击变压器，终因开放性颅骨骨折、双上肢电灼伤等，抢救无效死亡。该电工忽视了人体与10千伏带电体间的最小安全距离应不小于0.7米的规定，而且一人作业，无工作监护，违章作业葬送了自己的性命。

### 2.3.3 "经验"心理

持这种心理状态的人员多数是凭自己片面的"经验"办事，对别人合乎安全规范的劝告常常听不进，经常说的话是"多少年来一直是这样干，也没出事故"。

### 2.3.4 从众心理

这是一种普遍的心理状态。绝大多数人在同一场合、同一环境下，都会有随从反应，如果别人都这样违章做了，他也跟着违章。如果没有人去纠正，这种违章现象的人会越来越多。

### 2.3.5 逆反心理

这种心理状态主要表现在被管理者对管理者关系紧张的情况下，被管理者通过言行来"抗上"。持这种心态的员工往往气大于理，"你要我这样做，我非要那样做"，于是由于逆反心理作用而导致违章工作，以致发生生产安全事故。

### 2.3.6 反常心理

人们情绪的形成经常受到生理、家庭、社会等方面因素刺激影响。带有情绪上班的人多数心情急躁或闷闷不乐，在岗位上精力不够集中，分心走神，显得比较浮躁、激动，工作中往往会发生偏激行为。

**案例**

2011年12月10日15时18分，某供电公司在112-4刀闸准备做合拉试验中，运行操作人员不认真核对设备名称、编号和位置，走错位置，又未经许可，擅自解除闭锁，造成一起带电合接地刀闸的恶性误操作事故。原来，112-4刀闸消缺工作应该在112开关检修工作结束（工作票全部终结），并将112系统内地线全部拆除后，重新办理工作票。在112-4刀闸准备做合拉试验中，运行操作人员不认真核对设备名称、编号和位置，错误地走到112-7接地刀闸位置，不经值班长许可，

> 擅自解除闭锁，将112-7接地刀闸合入，造成带电合接地刀闸的恶性误操作事故。经了解，该运行人员因家庭矛盾晚上没休息好，思想波动大，第二天操作时思想走神，是事故发生的直接原因。

在实际工作中，如果员工感到身体不舒服、家里有事情等情况，精神状态不好，自己认为不适合工作时，要向班组长马上提出来，经班组长同意离开工作现场；班组长也要及时观察员工的情绪状态，发现不好的苗头主动询问，如有情况要求员工离开工作现场，或调到危害性小的岗位，避免发生安全事故。

### 2.3.7 冷漠心理

持这种心理的人员，缺乏主人翁意识，表现在与自己无关的工作不闻不问，冷漠看待，常抱有事不关己高高挂起的心态，致使别人不愿意接近。

### 2.3.8 紧张心理

有这种不良心理的人员，主要表现在工作业务技能低下，缺乏工作经验，应变能力差，遇事束手无策，不知道从何下手。

员工安全意识薄弱的表现形式多样，班组长要用心地去观察，以便对症下药地进行安全意识的培训。

## 2.4 提高员工安全意识的方法

提高员工安全意识就是指要采取各种方法、手段或技巧，利用各种时机来对员工进行安全意识的培训，从而使员工重视安全。

### 2.4.1 要加强安全生产的宣传

要大力开展安全生产法律法规的宣传教育，在公司创造"安全生产，以人为本"的安全文化氛围，把安全提高到一个全新的高度，通过会议、知识竞赛、技能考核等各种形式学习相关规章制度，通过张贴安全宣传画、标语，使全体人员能够认识到安全的重要程度，要使大家认识到，现在的安全生产，已经提升到法律的高度，违反安全生产规章制度和操作规程，就是违法行为。如图2-4所示。

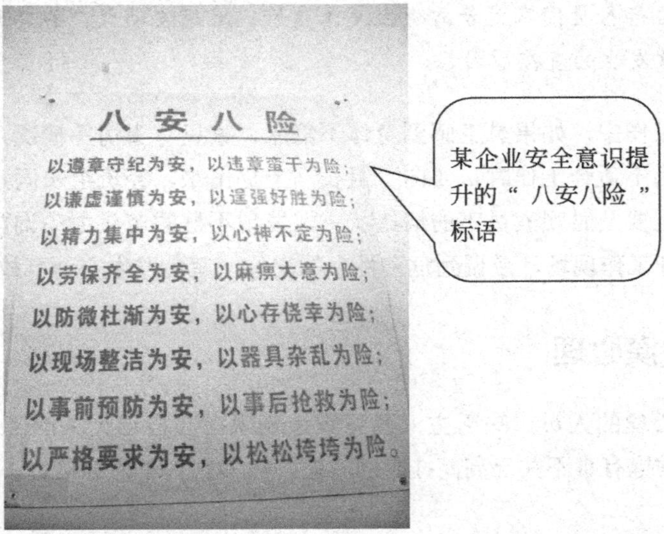

图2-4　某企业的"八安八险"宣传

## 2.4.2　对员工普及安全知识

要采取张贴安全标语、开办安全讲座、宣传画等方式向员工传授安全常识，如安全生产"三不伤害""四不放过""五不干""十条禁令"，以及员工平时怎样提高自我保护等，把一些常用的、实用的安全知识传授给大家，容易被员工理解和接受，对提高安全意识有很好的作用。如图2-5所示。

图2-5　用电安全知识宣传

## 2.4.3　加强员工责任意识教育

班组长要克服形式主义、好人主义的思想，对安全生产工作要敢抓敢管，不怕得罪人，加强安全生产督查和检查，真正使安全生产工作严格起来、落实下去。从员工层面上要严格地按照规章制度去作业、去操作，按照安全规定要求完成各项工作。

## 2.4.4　让员工明白自己是安全的最大受益者

不可否认，搞好企业的安全工作，企业会受益，然而最大的受益者是员工自己。

首先，企业出了事故，领导一般会丢脸，"一是做检查，二是掏腰包，三是行政处分，四是刑事处分"。其次，企业出了事故，操作者可能会丢命，而事故的受害者，往往又是事故的责任者，甚至是最大责任者，受到法律最重处罚。可以让员工都来算算这笔账：丢脸和丢命，谁的损失大。

## 2.4.5　坚持"四不放过"的原则

"四不放过"也就是事故原因不查清不放过、责任人员未处理不放过、整改措施未落实不放过、有关人员未受到教育不放过。在提高员工安全生产意识的教育中，坚持"四不放过"也同样能达到遏止事故的目的。

（1）通过"四不放过"可以查清事故发生的原因，事故的发生在哪一层、哪一个环节上，是人为造成的还是设备隐患造成的，以使在以后的工作中知道应该怎样做、不应该怎么做，避免事故的再次发生。

（2）通过"四不放过"可以进一步对安全生产工作存在的不足进行整改，没有采取安全防范措施的要立即采取措施，避免事故的发生。

（3）通过"四不放过"可以使事故责任者受到深刻教育，使违章人员从思想深处挖掘自己的过失，知道工作时违反了规程的哪条哪项、为什么会违反、以后在工作中怎样对待安全生产工作，从而提高自身的安全生产意识。

（4）坚持"四不放过"，并不单单是为了使违章人受到处罚，而是想告诫违章人员，规程、规定及规章制度是用血的教训写成的，任何人只有无条件地服从，触犯了必将受到严肃处理，这样使事故责任者和他人受到教育，从而进一步提高员工安全生产的自觉性。

## 2.4.6　让员工明白失去安全等于失去一切

生产安全意外事故虽然是任何人都不期望发生的，但只要一发生，就会给个人、家庭、企业、社会造成直接或间接的损失,严重时,往往会因"疏忽一时"而"痛苦一世"。安全对我们每一个人都相当重要,安全没有了,一切都有可能失去。如图2-6所示。

图2-6　发生了生产事故可能一切都会失去

班组长要配合工厂的安全宣传工作,同时,在班前、班中、班后要抓住一切机会运用各种方法来进行安全教育。

## 2.5　班组必须树立的安全意识

必须树立的安全意识就是指不管怎么样的情形,都要灌输并使员工牢记在心的一些安全意识。

### 2.5.1　"你的平安,是对家人最好的关爱"

在进行安全意识培训时可以隐去管理者的身影,让亲人取而代之,去唤醒操作者的安全意识,这就是著名的"葛麦斯安全法则"。

人生最大的不幸莫过于幼年丧父、中年丧夫、老年丧子,而事故是造成人生三大不幸的罪魁祸首,所以,在上班时一定要谨记"三莫忘",如图2-7所示。

> 上班三莫忘
>
> 第一莫忘子女的祝福
> 第二莫忘妻子的心愿
> 第三莫忘父母的期盼

图2-7　上班"三莫忘"

## 2.5.2 "学会安全,活着就好"

安全培训是员工最大福利,学习可以让我们知道,什么危险、哪里不能碰、何处最安全;学习让我们知道,哪些可以做、哪些不能做、怎么做才安全。学习让我们知道事故的后果,知道制度规章后面的斑斑血迹,知道操作数据背后的真正含义。学习有两种,一种是从自己经验中学习,另外一种是从别人经验中学习。在安全工作中,从自己的经验中学习是痛苦的,因为要付出惨痛的代价;从别人的经验中学习是幸福的,别人用血泪告诉我们真理所在。

安全学习认认真真,工作就能踏踏实实,生活才会实实在在。

## 2.5.3 "不伤害自己、不伤害他人、不被他人伤害"

"三不伤害"几乎涵盖了岗位员工所应遵守的现场安全管理规章所有的内容。三令五申劳保着装,就是为了不伤害自己,为了不伤害自己,就必须正确佩戴劳保用品;禁止擅自移动、损坏、拆除安全设施和安全标志,就是为了不让你的这一行为给别人带来伤害;岗位员工要开展危害辨识,查找隐患,就是不能让别人留下的错误伤害到自己。

第一,不伤害自己,是我们工作中必须做到的最低标准。一是意识上不伤害自己,二是技能上不伤害自己,三是行为上不伤害自己。

第二,不伤害他人,是最起码的职业道德。害人就是害己,害人必然害己,肇事者难逃处罚,要么是法规制度的制裁,要么是事故扩大连带的伤害。

第三,不被他人伤害,是难以做到而又必须做到的职业规范。提高自我防范意识,是"不被他人伤害"最关键的一条。违章指挥不要听从,别人失误时要帮助改掉,有安全经验要共同分享,从而保护自己免受伤害。

如图2-8所示为某企业的"三不伤害"保证书。

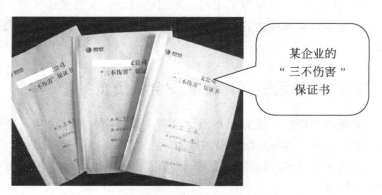

图2-8 "三不伤害"保证书

### 2.5.4 "安全连着你我他,防范事故靠大家"——互联互保

互联互保是为了安全而建立起来的像伙伴一样的互助关系。员工与员工之间合作共生、利益共享,合作创造价值,伙伴保证安全。互联互保机制内容:一是自保,二是互保,三是联保安全互联互保。员工应该怎样做?第一要自保,第二要真诚,第三要互助。

### 2.5.5 "操作之时顾左右,相互要提醒"

安全伙伴最大的义务:经验分享是需要,相互监督是必要。最能做到的是关照和提醒,最该做好的是提醒和关照安全伙伴,因为提醒的价值而存在。

第一,调整心态。只要是善意的提醒,我们都应该接受。

第二,善用提醒。改变生硬的管理方法,把提醒用于现场安全的全过程。有一种安全检查方式叫询问,还有一种安全管理方式叫请教。询问和请教,实质就是提醒。五步追究法,一般通过问五次"为什么",就可以发现病根并找出对策。通过询问提醒员工思考问题,比先入为主的一通批评,更有助于问题的解决。

第三,提醒安全,提醒别人,也不要忘了提醒自己。要记住自己安全自己管,依靠别人不保险。

### 2.5.6 "只要上岗,集中思想;工作再忙,安全勿忘"

设备好不如态度好,态度好才是真的好。管理措施再严格,如果手忙脚乱,也会滋生祸端。没有章法,或者不按章法,一忙就容易乱,所以才叫"忙乱"。

第一,做好准备,熟悉预案,避免手忙脚乱。

第二,严守程序,绝不逾越,杜绝乱中出错。

第三,使用防呆法,避免容易出错。所谓防呆法,意思就是呆子、傻子也不会做错。比如电脑连接线很多,每个插槽都不一样,插错了就插不进去,就可以避免插错。

### 2.5.7 "岗位危害我识别,我的安全我负责"

人人要重视危害识别,要知道不识别危害,最终会被危险所害。要激发员工善于学习,掌握工具,具备发现危害的能力。

其一,要知道危害辨识必须问的三个问题:存在什么危险源;伤害怎样发生;谁会受到伤害。

其二,要会用危害识别的基本方法。员工参加安全活动时,应熟悉企业发放

的各种危害识别表格，会使用、会正确填报。

其三，要掌握原材料物性和设备工作原理。对各种异常情况，员工能够根据工作原理作出正确判断。

其四，时时处处识别危害，不给隐患以可乘之机。时间上，做到全过程。全过程识别包括三个时间段：作业前，员工要根据作业任务进行全面识别，进行事故预想，按照流程进行巡回检查，做好应急准备；作业中，员工要兼顾生产和安全的关系，不放松警惕，不麻痹大意，不放过任何一个疑点；作业后，要仔细检查，不给接班人员或者自己明天的工作留下隐患。

## 2.5.8 "放过隐患，必有后患"

中医有三种境界："上医治未病，中医治欲病，下医治已病。"就安全工作来讲，事故预防是第一位的，事前百分之一的预防，胜过事后百分之九十九的整改。

隐患治理是安全工作拖延不得的大事。发现隐患，当即就要采取行动，不能立即消除或者不能独立消除的，向上级报告是需要的，但不能坐等上级解决，很可能在等待的过程中事故就发生了，必须立即采取切实可行的补救措施，然后才可以按程序解决根本问题。

## 2.5.9 "规章制度血写成，不要用血来验证"

岗位责任制：把每样东西、每件事情，由谁管、负什么责任都落实到位，使每个人都知道他干什么、管什么、怎么管、达到什么程度以及自己的权利。这些规定清楚，就是岗位责任制。对待制度和规程的态度：一是要知道敬畏，二是要懂得感恩。用感激的心情对待那些为制度诞生付出了沉重代价的人们。这些前辈，在制度不完善的情况下，用自己生命健康的代价，完成了一次探险，不要让他们的故事在我们身上重演。

## 2.5.10 "习惯性违章，不能习惯性不管"

习惯决定安全。好习惯让人一生平安，坏习惯让人祸事连连。习惯性违章就是不良的作业传统和工作习惯。每个员工都要把"习惯性违章"变成"习惯性反违章"，变成习惯性遵章。

# 第二篇 安全生产常识

# 第3章 用电作业安全常识

班组长安全管理培训手册

**引言** 触电对人的损害轻则受伤,重则送命。电气事故不仅毁坏用电设备,还会引起火灾。电气触电危险不同于机械危险那样容易被人们觉察,电是我们看不到的,因此电更具有危险性。为加强安全用电意识,防患于未然,有必要了解有关安全用电的常识,有备无患,安全生产。

## 3.1 关于人体触电的知识

电伤：由电流的热效应、化学效应、机械效应以及电流本身作用所造成的人体外伤。

### 3.1.1 电流伤害人体的因素

伤害程度一般与下面5个因素有关。
（1）通过人体电流的大小。
（2）电流通过人体时间的长短。
（3）电流通过人体的部位。
（4）通过人体电流的频率。
（5）触电者的身体状况。

电击：就是通常所说的触电，触电死亡的绝大部分是电击造成的。电流通过人体脑部和心脏时最危险；40～60Hz交流电对人危害最大。

以工频电流为例，当1mA左右的电流通过人体时，会产生麻刺等不舒服的感觉；10～30mA的电流通过人体，会产生麻痹、剧痛、痉挛、血压升高、呼吸困难等症状，但通常不致有生命危险；电流达到50mA以上，就会引起心室颤动而有生命危险；100mA以上的电流，足以致人于死地。

通过人体电流的大小与触电电压和人体电阻有关，也就是说，通过人体的电流越强，触电死亡的时间越短。具体见表3-1。

表3-1 人体对电流反应一览表

| 序号 | 电流大小 | 人体的反应 |
| --- | --- | --- |
| 1 | 1mA左右 | 引起麻的感觉 |
| 2 | 不超过10mA时 | 人尚可摆脱电源 |
| 3 | 超过30mA时 | 感到剧痛、神经麻痹、呼吸困难，有生命危险 |
| 4 | 达到100mA时 | 只要很短时间使人心跳停止 |

**案例**

某厂三位电工维修一个高压开关，这个高压开关是一种叫作手车式的开关柜。维修前把电路切断，把这个开关（也叫断路器）拉出来，经正常检修后，再往回推的时候，便产生了一个大火球，这个火球导致三位电工严重烧伤。

因为电弧的温度很高，可以达到数千度，最高可以达到8000℃。三位电工被烧伤的原因是，他们在维修过程中，其中有一个师傅的扳手放在三相电路的电杆上面致使两相短路，而开关往回一推就造成了三相的短路。

### 3.1.2 触电的方式

#### 3.1.2.1 单相触电

单相触电是人体接触带电装置的一相引起的触电。在低压电力系统中，若人站在地上接触到一根火线，即为单相触电或称单线触电，如图3-1所示。

人体接触漏电的设备外壳，也属于单相触电。

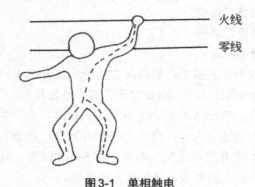

图3-1 单相触电

#### 3.1.2.2 两相触电

两相触电是人体同时接触带电的两根相线（火线）引起的触电，如图3-2所示。

图3-2 两相触电

#### 3.1.2.3 跨步电压触电

指人体两脚接触两点所受的电压不同引起的触电,如图3-3所示。

图3-3 跨步电压触电

## 3.2 防止触电的技术措施

防止触电的技术措施是指为了达到安全用电的目的,防止触电事故发生而采用的绝缘、安全间距、漏电保护、安全电压、遮拦及阻挡物等防止直接触电的防护措施。

### 3.2.1 绝缘、屏护和间距

绝缘、屏护和间距是最为常见的安全措施。

#### 3.2.1.1 绝缘

绝缘是防止人体触及带电体,把带电体用绝缘物封闭起来。瓷、玻璃、云母、橡胶、木材、胶木、塑料、布、纸和矿物油等都是常用的绝缘材料。

应当注意:很多绝缘材料受潮后会丧失绝缘性能或在强电场作用下会遭到破坏,丧失绝缘性能;超负荷使用也是造成绝缘损坏的主要原因之一。

#### 3.2.1.2 屏护

屏护是指采用遮拦、护罩、护盖、箱匣隔绝带电体。比如，通过遮拦护罩或者一些能够起到隔绝带电体的物体，在人和带电体之间产生隔离。如图3-4、图3-5、图3-6所示。

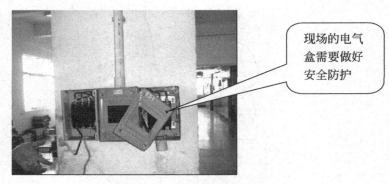

图3-4 电气盒需做好安全防护

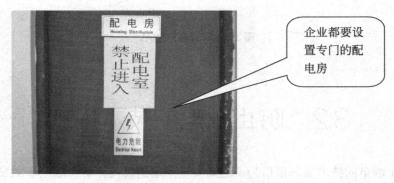

图3-5 企业需设置专门的配电房

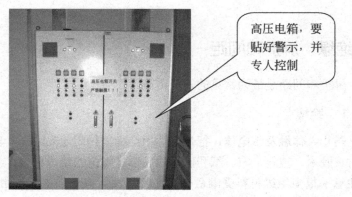

图3-6 高压电箱贴警示并专人控制

#### 3.2.1.3 间距

间距是指带电体与地面之间,或与其他设备之间、与带电体之间必要的安全距离。比如,电压比较高的时候,如果靠得比较近,容易产生放电。

在带电体与地面,或者与设备之间,或者带电体之间保持距离,就可以起到安全防护的作用。比如,车辆行走的道路上方的电源线就必须考虑车辆通过的时候不能被刮蹭。

### 3.2.2 接地和接零

接地指与大地的直接连接,电气装置或电气线路带电部分的某点与大地连接、电气装置或其他装置正常时不带电部分某点与大地的人为连接都叫接地。

#### 3.2.2.1 保护接地

为了防止电气设备外露的不带电导体意外带电造成危险,将该电气设备经保护接地线与深埋在地下的接地体紧密连接起来的做法叫保护接地。由于绝缘破坏或其他原因而可能呈现危险电压的金属部分,都应采取保护接地措施。如电机、变压器、开关设备、照明器具及其他电气设备的金属外壳都应予以接地。一般低压系统中,保护接地电阻值应小于4Ω。

#### 3.2.2.2 保护接零

就是把电气设备在正常情况下不带电的金属部分与电网的零线紧密地连接起来。应当注意的是,在三相五线制的电力系统中,通常是把变压器中性点电气设备的金属外壳同时接地、接零,这就是所谓的重复接地保护措施,但还应该注意,零线回路中不允许装设熔断器和开关。

### 3.2.3 装设漏电保护装置

为了保证在故障情况下人身和设备的安全,应尽量装设漏电保护器。它可以在设备及线路漏电时通过保护装置的检测机构转换取得异常信号,经中间机构转换和传递,然后促使执行机构动作,自动切断电源,起到保护作用。

### 3.2.4 采用安全电压

不带任何防护设备,对人体各部分组织均不造成伤害的电压值,称为安全电压。世界各国对于安全电压的规定有50V、40V、36V、25V、24V等,其中以50V、25V居多。

国际电工委员会（IEC）规定安全电压限定值为50V。我国规定12V、24V、36V三个电压等级为安全电压级别。

在相对湿度大、狭窄、行动不便、周围有大面积接地导体的场所（如金属容器内、矿井内、隧道内等）使用的手提照明，应采用12V安全电压。凡手提照明器具，在危险环境、特别危险环境的局部照明灯，及高度不足2.5米的一般照明灯、携带式电动工具等，若无特殊的安全防护装置或安全措施，均应采用24V或36V安全电压。

### 3.2.5 加强绝缘

加强绝缘就是采用双重绝缘或另加总体绝缘，即保护绝缘体以防止通常绝缘损坏后的触电。如图3-7所示。

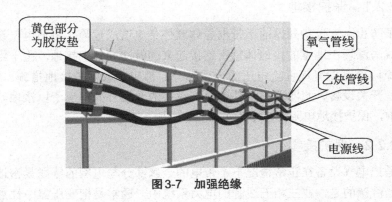

图3-7 加强绝缘

## 3.3 与用电有关的用具

与用电有关的用具是指与用电作业，如操作高压隔离开关和油断路器等设备、在带电运行的高压电器和低压电气设备上工作、检修验电等时所使用的工具，如绝缘用具、验电笔、高压验电器、万用表、临时接地线、遮栏、指示牌等。

### 3.3.1 绝缘用具

#### 3.3.1.1 绝缘用具的种类

起绝缘作用的安全用具，如绝缘夹钳、绝缘杆、绝缘手套、绝缘靴和绝缘垫等。以下介绍常用的绝缘手套、绝缘靴、绝缘棒。

（1）绝缘手套。由绝缘性能良好的特种橡胶制成，有高压、低压两种。操作高压隔离开关和油断路器等设备、在带电运行的高压电器和低压电气设备上工作时，预防接触电压。如图3-8所示。

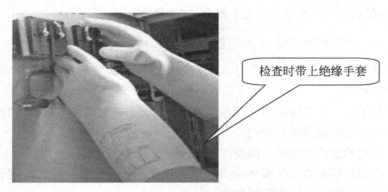

图3-8　绝缘手套

（2）绝缘靴。也是由绝缘性能良好的特种橡胶制成，带电操作高压或低压电气设备时防止跨步电压对人体的伤害。

（3）绝缘棒。又称绝缘杆、操作杆或拉闸杆，用电木、胶木、塑料、环氧玻璃布棒等材料制成。结构如图3-9所示，主要包括：1——工作部分；2——绝缘部分；3——握手部分；4——保护环。各种绝缘棒如图3-10所示。

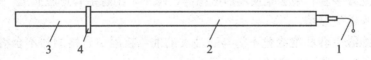

图3-9　绝缘棒的结构

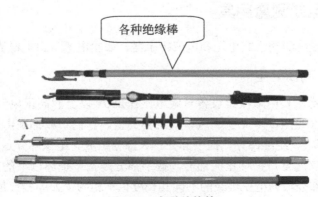

图3-10　各种绝缘棒

#### 3.3.1.2 绝缘工具的检查

绝缘工具在使用前应详细检查是否有损坏,并用清洁干燥毛巾擦净。如不确定时,应用2500V摇表进行测定,其有效长度的绝缘值不低于10000MΩ或分段测定(电极宽2cm),绝缘电阻值不得少于700MΩ。

#### 3.3.1.3 绝缘操作棒使用时注意事项

(1)使用绝缘操作棒时,工作人员应戴绝缘手套和穿绝缘靴,以加强绝缘操作棒的保护作用。

(2)在下雨、下雪或潮湿天气,在室外使用绝缘棒时,应装设防雨的伞形罩,以使伞下部分的绝缘棒保持干燥。

(3)使用绝缘棒时要防止碰撞,以免损坏表面的绝缘层。

(4)绝缘棒应存放在干燥的地方,以免受潮,一般应放在特别的架子上或垂直悬挂在专用挂架上,以免变形弯曲。

#### 3.3.1.4 绝缘手套和绝缘靴使用时注意事项

使用绝缘手套和绝缘靴时,应注意以下问题。

(1)绝缘手套和绝缘靴每次使用前应进行外部检查,要求表面无损伤、磨损或划伤、破漏等,有砂眼漏气的禁用。绝缘靴的使用期限为大底磨光为止,即当大底漏出黄色胶时,就不能再使用了。

(2)绝缘手套和绝缘靴使用后应擦净、晾干,绝缘手套还应撒上一些滑石粉,保持干燥和避免黏结。

(3)绝缘手套和绝缘靴不得与石油类的油脂接触;合格的与不合格的不能混放在一起,以免使用时拿错。

### 3.3.2 验电或测量用具

验电或测量用的携带式电压和电流指示器,如验电笔、钳型电流表等。

#### 3.3.2.1 高压验电器

高压验电器主要用来检验设备对地电压在250V以上的高压电气设备。目前,广泛采用的有发光型、声光型、风车式三种类型。它们一般都是由检测部分(指示器部分或风车)、绝缘部分、握手部分三大部分组成。绝缘部分是指自指示器下部金属衔接螺丝起至罩护环止的部分,握手部分是指罩护环以下的部分。其中绝缘部分、握手部分根据电压等级的不同其长度也不相同。如图3-11所示。

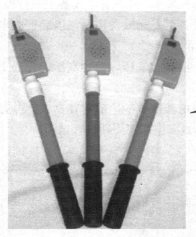

图3-11 高压验电器

使用高压验电器时,应注意以下问题。

(1)在使用高压验电器进行验电时,首先必须认真执行操作监护制。一人操作,一人监护;操作者在前,监护人在后。

(2)使用验电器时,必须注意其额定电压要和被测电气设备的电压等级相适应,否则可能会危及操作人员的人身安全或造成错误判断。

(3)验电时,操作人员一定要戴绝缘手套,穿绝缘靴,防止跨步电压或接触电压对人体的伤害。如图3-12所示。

图3-12 佩戴绝缘防护用品进行操作

（4）操作者应手握罩护环以下的握手部分，先在有电设备上进行检验。

（5）检验时，应渐渐地移近带电设备至发光或发声止，以验证验电器的完好性，然后再在需要进行验电的设备上检测。

（6）同杆架设的多层线路验电时，应先验低压、后验高压，先验下层、后验上层。

（7）每次使用完验电器后，应将验电器擦拭干净放置在盒内，并存放在干燥通风处，以免受潮。为保证安全，验电器应按规定周期进行试验。

**特别提醒：**

在使用高压验电笔验电前，一定要认真阅读使用说明书，检查一下试验是否超周期，外表是否损坏、破伤。

#### 3.3.2.2 万用表

万用表又叫多用表、三用表、复用表。万用表分为指针式万用表和数字万用表，是一种多功能、多量程的测量仪表，一般万用表可测量直流电流、直流电压、交流电流、交流电压、电阻等，有的还可以测电容量、电感量及半导体的一些参数。如图3-13所示。

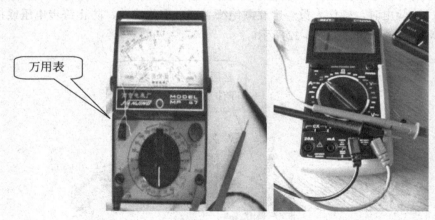

图3-13 万用表

万用表的选择开关与量程开关多，用途广泛，所以在具体测量不同的对象时，除了要将开关指示尖头对准要测取的挡位外，还要注意以下要点。

（1）万用表使用时一定要放平、放稳。

（2）使用前调整零点，如果指针不指零应转动调零旋钮使指针调至"0"位。

（3）使用前选好量程，拨对转换开关的位置，每次测量都一定要根据测量的类别,将转换开关拨到正确的位置上,并养成良好的使用习惯,决不允许拿测棒盲目测试。

(4)测量电压或电流,如对被测的数量无法准确估计时,应选用最大量程测试,如发现太小,再逐步转换到合适量程进行实测。

(5)测量电阻时,先将转换开关转到电阻挡位上(Ω),把两根表棒短接一起,再旋转"Ω"的调零旋钮使指针指零欧。

(6)测量直流电压、电流时,要注意测棒红色为"+",黑色为"–"。一方面插入表孔要严格按红、黑插入表孔的"+""–";另一方面接入被测电路的正、负要正确。如果一时不清楚可以试测,办法是选用大的量程,将两表棒快速接在被测电路上,快接快离,如发现指针顺转,说明接入是正确的,反之,则应将两表棒极性调换。

(7)在测量500~2500V电压时,特别注意量程开关要转换到2500V,先将接地棒接上负极,后将另一测棒接在高压测点,要严格检查测棒、手指是否干燥,采取绝缘措施,以保安全。如图3-14所示。

图3-14 万用表测电压注意绝缘

(8)测量读数时,要看准所选量程的标度线,特别是测量10V以下小量程电压挡,读取刻度数要仔细。

(9)不要带电拨动转换开关。尽量训练一只手操作测量,另一只手不要触摸被测物。

(10)每次测量完毕,应将转换开关转拨到交流电压最大量程位置,避免将转换开关拨停在电流或电阻挡,以防下次测电压时忘记改变转换开关而将表烧毁。

### 3.3.2.3 试电笔

试电笔简称电笔,是用来检查测量低压导体和电气设备外壳是否带电的一种常用工具。

试电笔常做成钢笔式结构或小型螺丝刀结构。它的前端是金属探头，后部塑料外壳，壳内装有氖泡、安全电阻和弹簧，笔尾端有金属端盖或钢笔形金属挂鼻，作为使用时手必须触及的金属部分。如图3-15所示。

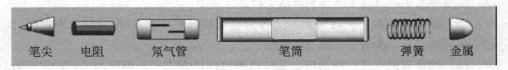

图3-15　试电笔的结构

普通试电笔测量电压范围在60～500V之间，低于60V时试电笔的氖泡可能不会发光，高于500V不能用普通试电笔来测量，否则容易造成人身触电。当试电笔的笔尖触及带电体时，带电体上的电压经试电笔的笔尖（金属体）、氖泡、安全电阻、弹簧及笔尾端的金属体，再经过人体接入大地形成回路，若带电体与大地之间的电压超过60V，试电笔中的氖泡便会发光，指示被测带电体有电。使用试电笔时，应注意以下事项。

（1）使用试电笔之前，首先要检查试电笔里有无安全电阻，再直观检查试电笔是否有损坏，有无受潮或进水，检查合格后才能使用。

（2）使用试电笔时，不能用手触及试电笔前端的金属探头，这样做会造成人身触电事故。

（3）使用试电笔时，一定要用手触及试电笔尾端的金属部分，否则，因带电体、试电笔、人体与大地没有形成回路，试电笔中的氖泡不会发光，造成误判，认为带电体不带电，这是十分危险的。如图3-16所示。

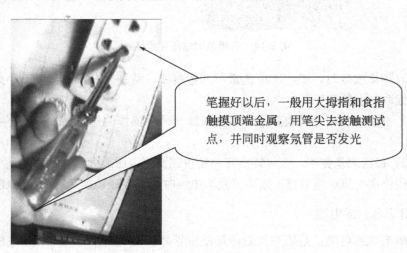

图3-16　用手触及试电笔尾端金属测电

(4) 在测量电气设备是否带电之前，先要找一个已知电源测一测试电笔的氖泡能否正常发光，能正常发光，才能使用。如图3-17所示。

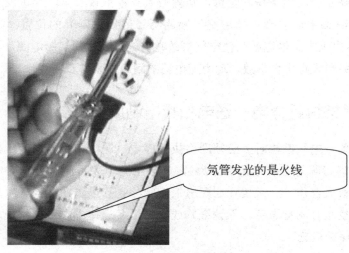

氖管发光的是火线

图3-17　测试氖管是否发光

(5) 在明亮的光线下测试带电体时，应特别注意试电笔的氖泡是否真的发光（或不发光），必要时可用另一只手遮挡光线仔细判别。千万不要造成误判，将氖泡发光判断为不发光，而将有电判断为无电。

(6) 如果试电笔氖管发光微弱，切不可就断定带电体电压不够高，也许是试电笔或带电体测试点有污垢，也可能测试的是带电体的地线，这时必须擦干净测电笔或者重新选测试点。反复测试后，氖管仍然不亮或者微亮，才能最后确定测试体确实不带电。

### 3.3.3　其他用具

(1) 防止坠落的登高作业安全用具，如梯子、安全带、登高板等。
(2) 保证检修安全用具，如临时接地线、遮栏、指示牌等。
(3) 其他安全用具，如防止灼伤的护目眼镜等。

## 3.4　班组安全用电的基本要求

安全用电是指在采取必要的安全措施的情况下使用和维修电工设备。

### 3.4.1 要熟悉本厂生产车间主空气断路器（俗称总闸）的位置

自觉提高安全用电意识和觉悟，从内心真正地重视安全，促进安全生产。所有员工必须熟悉本厂生产车间主空气断路器（俗称总闸）的位置（配电柜总开关），一旦发生火灾、触电或其他电气事故时，应第一时间切断电源，避免造成更大的财产损失和人身伤亡事故。动力配电箱的闸刀严禁带负荷操作。

### 3.4.2 严格执行停电、送电和验电制度

车间设备、电气维修时，必须严格执行停电、送电和验电制度，在总闸断开停电后（观察刀闸与主线路是否分离），必须用验电表再测试是否有电，在维修时，必须有双人合作，一人要守在配电柜刀闸处看管以防别人误合闸，或在总闸手柄上悬挂禁止合闸标志牌，无论维修或安装设备一律不准带电作业，还应具有可靠的安全保护措施。

### 3.4.3 临时用电接线要管好

许多工厂里临时用电接线比较多（打磨、钻孔、调试），在需要临时用电时，必须注意以下事项。

（1）一定要按临时用电要求安装线路，千万不能东拉西扯的乱接线，先把设备端的线接好后才能接电源。

（2）临时线路不得有裸露线，电气和电源相接处应设开关、插销，露天的开关应装在箱匣内保持牢固，防止漏电。临时线路必须保证绝缘性良好，使用负荷正确。

（3）采用悬架或沿墙架设时，房内不得低于2.5米，房外不得低于4.5米，严禁在易燃、易爆、刺割、腐蚀、碾压等场地铺设临时线路。

（4）临时线一般不得任意拖地，如果确实需要必须加装可靠的套管，防止移动磨损割断电线。

（5）移动式临时线必须采用有保护芯线的橡胶套绝缘软线，长度一般不超过10米（单相用三芯，三相用四芯）。临时线装置，必须有一个漏电开关，并且均需安装熔断器。电缆或电线的绝缘层破损处要用电工胶布包好，不能用其他胶布代替，更不能直接使用（破损处接触其他东西发生触电）。禁止使用多处绝缘层破损和残旧老化的电线，以防触电。

（6）不要用电线直接插入插座内用电，一定要接好插头，牢固地插入插座内。

### 3.4.4　手持式电动工具的使用

#### 3.4.4.1　使用要求

（1）手持式电动工具（电钻、打磨机、磁力钻）和落地扇等移动式用电设备一定要安装使用漏电保护开关（俗称漏电开关）。

（2）要求一机一闸，实行单机保护，且漏电保护开关动作时间在0.1秒以内。漏电保护开关要经常检查，每月试跳不少于一次。

（3）当漏电保护器出现跳闸现象时，不能私自重新强行合闸，一定要查找其跳闸的原因，排除故障才可恢复送电，如有失灵立即更换。

#### 3.4.4.2　经常检查手持电动工具

日常检查的内容如下。
（1）外壳、手柄是否有裂缝和破损。
（2）保护接地或接零线是否正确、牢固、可靠。
（3）软电缆或软线是否完好无损。
（4）开关动作是否正常、灵活，有无缺陷、破损。
（5）电气保护装置是否良好。
（6）工具转动部分是否灵活无障碍。

### 3.4.5　设备用电

（1）设备中的保险丝或线路当中的保险丝损坏后千万不要用铜线、铝线、铁线代替，空气开关损坏后立即更换，保险丝和空气开关的大小一定要与用电容量相匹配，否则容易造成触电或电气火灾。

（2）当设备内部出现冒烟、拉弧、焦味或着火等不正常现象，应立即切断设备的电源，再实施灭火（切不可用水或泡沫灭火器灭火），并通知电工人员进行检修，避免扩大故障范围和发生触电事故。

（3）用电设备的金属外壳必须与保护线可靠连接，单相用电要用三芯电缆连接，三相用电得用四（五）芯电缆连接，保证在户外与低压电网的保护中性线或接地装置可靠连接。保护中性线必须重复接地。在同一个电网中不得既有接地设备又有接零设备。

保护接地：为了防止电气设备外露的不带电导体意外带电造成危险，将该电气设备经保护接地线与深埋在地下的接地体紧密连接起来的做法叫保护接地。一般低压系统中，保护接地电阻应小于4Ω。

保护接零：就是把电气设备在正常情况下不带电的金属部分与电网的零线紧

密地连接起来。

应当注意的是，在三相四线制的电力系统中，通常是把电气设备的金属外壳同时接地、接零，这就是所谓的重复接地保护措施，但还应该注意，零线回路中不允许装设熔断器和开关。

### 3.4.6 其他注意事项

（1）不要用湿手触摸灯头、开关、插头插座和用电器具，比如说下班洗好手去关电就是不可以的。

（2）开关、插座或用电器具损坏或外壳破损时应及时修理或更换，未经修复不能使用。

（3）对无自动控制的电热器具用后要随手关电源，以免引起火灾。如电烙铁等发热电器不得直接搁在木板上或靠近易燃物品。

（4）行灯电压不得超过36V，在潮湿地方，金属容器内部行灯电压不得超过12V。

## 3.5 触电急救知识

触电急救是指当发现有人触电时立即采取急救措施进行急救。触电急救最主要的是要动作迅速、快速、正确地使触电者脱离电源。操作步骤如下。

### 3.5.1 使触电者脱离带电体

#### 3.5.1.1 对于低压触电事故

对于低压触电事故，应立即切断电源或用有绝缘性能的木棍挑开和隔绝电流（如图3-18所示），如果触电者的衣服干燥，又没有紧缠住身上，可以用一只手抓住他的衣服，拉离带电体（如图3-19所示），但救护人不得接触触电者的皮肤，也不能抓他的鞋。

#### 3.5.1.2 对高压触电者

对高压触电者，应立即通知有关部门停电，不能及时停电的，也可抛掷裸金属线，使线路短路接地，迫使保护装置动作，断开电源。注意抛掷金属线前，应将金属线的一端可靠接地，然后抛掷另一端。

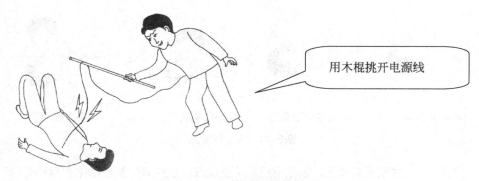

图3-18 用木棍挑开和隔绝电流

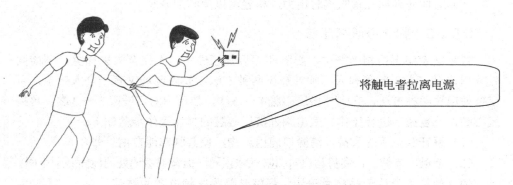

图3-19 抓住衣服将触电者拉离电源

## 3.5.2 急救

应根据触电者的具体情况,迅速对症救护。一般人触电后,会出现神经麻痹、呼吸中断、心脏停止跳动等征象,外表上呈现昏迷不醒的状态,但这不是死亡。触电急救现场应用的主要救护方法是人工呼吸法和胸外心脏挤压法。

### 3.5.2.1 人工呼吸法

只对停止呼吸的触电者使用。操作步骤如下。

(1) 先使触电者仰卧,解开衣领、围巾、紧身衣服等,除去口腔中的黏液、血液、食物、假牙等杂物。

(2) 将触电者头部尽量后仰,鼻孔朝上,颈部伸直。救护人一只手捏紧触电者的鼻孔,另一只手掰开触电者的嘴巴。救护人深吸气后,紧贴着触电者的嘴巴大口吹气,使其胸部膨胀,之后救护人换气,放松触电者的嘴鼻,使其自动呼气,如此反复进行,吹气2秒,放松3秒,大约5秒钟一个循环。如图3-20所示。

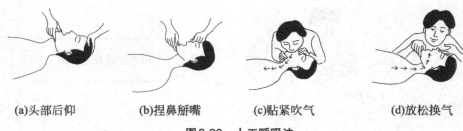

(a)头部后仰　　　(b)捏鼻掰嘴　　　(c)贴紧吹气　　　(d)放松换气

图3-20　人工呼吸法

(3) 吹气时要捏紧鼻孔，紧贴嘴巴，不使漏气，放松时应能使触电者自动呼气。

(4) 如触电者牙关紧闭，无法撬开，可采取口对鼻吹气的方法。

(5) 对体弱者和儿童吹气时用力应稍轻，以免肺泡破裂。

### 3.5.2.2　胸外心脏挤压法

若触电者伤害得相当严重，心脏和呼吸都已停止，人完全失去知觉，则需同时采用口对口人工呼吸和人工胸外挤压两种方法。如果现场仅有一个人抢救，可交替使用这两种方法，先胸外挤压心脏4～6次，然后口对口呼吸2～3次，再挤压心脏，反复循环进行操作。人工胸外挤压心脏的具体操作步骤如下。

(1) 解开触电者的衣裤，清除口腔内异物，使其胸部能自由扩张。

(2) 使触电者仰卧，姿势与口对口吹气法相同，但背部着地处的地面必须牢固。

(3) 救护人员位于触电者一边，最好是跨跪在触电者的腰部，将一只手的掌根放在心窝稍高一点的地方（掌根放在胸骨的下三分之一部位），中指指尖对准锁骨间凹陷处边缘，如图3-21（a）、(b) 所示，另一只手压在那只手上，呈两手交叠状（对儿童可用一只手）。

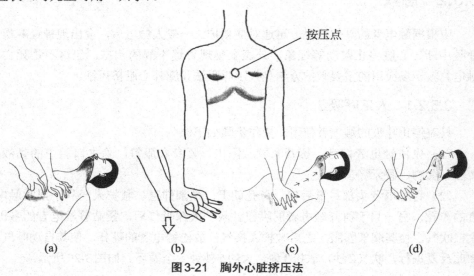

图3-21　胸外心脏挤压法

（4）救护人员找到触电者的正确压点，自上而下，垂直均衡地用力挤压，压出心脏里面的血液，注意用力适当。

（5）挤压后，掌根迅速放松（但手掌不要离开胸部），使触电者胸部自动复原，心脏扩张，血液又回到心脏。

口诀：掌根下压不冲击，突然放松手不离；手腕略弯压一寸，一秒一次较适宜。

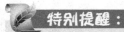

就地迅速对触电者进行抢救，坚持不懈，同时拨打120急救电话。

## 3.6 发生电气火灾的扑救

电气火灾一般是指由于电气线路、用电设备、器具以及供配电设备出现故障性释放的热能，如高温、电弧、电火花以及非故障性释放的能量，如电热器具的炽热表面，在具备燃烧条件下引燃本体或其他可燃物而造成的火灾，也包括由雷电和静电引起的火灾。

电力线路或电气设备发生火灾，由于是带电燃烧，所以蔓延迅速，如果扑救不当，可能会引起触电事故，扩大火灾范围，加重火灾损失。

### 3.6.1 断电灭火

电力线路或电气设备发生火灾，如果没有及时切断电源，扑救人员身体或所持器械可能触及带电部分而造成触电事故。因此发生火灾后，应该沉着果断，设法切断电源，然后组织扑救。应该特别强调的是，在没有切断电源时千万不能用水冲浇，而要用砂子或四氯化碳灭火器灭火，只有在切断电源后才可用水灭火。在切断电源时应该注意做到以下6点。

（1）火灾发生后，由于受潮或烟熏，开关设备绝缘强度降低，因此拉闸时应使用适当的绝缘工具操作。

（2）有配电室的单位，可先断开主断路器；无配电室的单位，先断开负载断路器，后拉开隔离开关。

（3）切断用磁力起动器起动的电气设备时，应先按"停止"按钮，再拉开闸刀开关。

（4）切断电源的地点要选择恰当，防止切断电源后影响火灾的扑救。

（5）剪断电线时，应穿戴绝缘靴和绝缘手套，用绝缘胶柄钳等绝缘工具将电线剪断。不同相电线应在不同部位剪断，以免造成线路短路，剪断空中电线时，剪断的位置应选择在电源方向的支持物上，防止电线剪断后落地造成短路或触电伤人事故。

（6）如果线路上带有负载时，应先切除负载，再切断灭火现场电源。

### 3.6.2　带电灭火

有时为了争取时间，防止火灾扩大蔓延，来不及切断电源，或因生产需要及其他原因无法断电，则需要带电灭火。带电灭火应注意做到以下8点。

（1）选用适当的灭火器。在确保安全的前提下，应用不导电的灭火剂如二氧化碳、四氯化碳、"1211""1301"、红卫912或干粉灭火器进行灭火。应指出的是，泡沫灭火器的灭火剂（水溶液）有一定的导电性，而且对电气设备的绝缘强度有影响，不应用于带电灭火。

（2）在使用小型二氧化碳、"1211""1301"、干粉等灭火器灭火时，由于其射程较近，因此，人体、灭火器的机体及喷嘴与带电体应有一定的安全距离。

（3）用水进行带电灭火，其优点是价格低廉、灭火效率高，但水能导电，用于带电灭火时会危害人体，因此，灭火人员应穿戴绝缘手套和绝缘靴。水枪喷嘴安装接地线情况下，可使用喷雾水枪灭火。

（4）对架空线路等空中设备灭火时，人体位置与带电体之间仰角不应超过45度，以免导线断落伤人。

（5）如遇带电导线断落地面，应划出警戒区，防止跨入。扑救人员需要进入灭火时，必须穿上绝缘靴。

（6）在带电灭火过程中，人应避免与水流接触。

（7）没有穿戴保护用具的人员，不应接近燃烧区，防止地面水渍导电引起触电事故。

（8）火灾扑灭后，如设备仍有电压时，任何人员不得接近带电设备和水渍地区。

### 3.6.3　充油电气设备的火灾扑救

（1）变压器、油断路器、电容器等充油电气设备的油，闪亮点大都在130℃至140℃之间，有较大的危害性。如果只是容器外面局部着火，而设备没有受到损坏时，可用二氧化碳、四氯化碳、"1211"、红卫912、干粉等灭火剂带电灭火。

如果火势较大,应先切断起火设备和受威胁设备的电源,然后用水扑救。

(2)如果容器设备受到损坏,喷油燃烧,火势很大时,除切断电源外,有事故储油坑的应设法将油放进储油坑,坑内和地面上的油火应用泡沫灭火剂扑灭。

(3)要防止着火油料流入电缆沟内。如果燃烧的油流入电缆沟而顺沟蔓延时,沟内的油火只能用泡沫覆盖扑灭,不宜用水喷射,防止火势扩散。

(4)灭火时,灭火器和带电体之间应保持足够的安全距离。用四氯化碳灭火时,扑救人员应站在上风方向以防中毒,同时灭火后要注意通风。

### 3.6.4 旋转电动机的火灾扑救

在扑救旋转电动机火灾时,为防止设备的轴和轴承变形,可令其慢慢转动,用喷雾水灭火,并使其均匀冷却。也可用二氧化碳、四氯化碳、"1211"、红卫912灭火器扑灭,但不宜用干粉、砂子、泥土灭火,以免增加修复的困难。

发生电气火灾时一定要扑救得当,否则后果更严重,所以平时就要积极主动地学习,掌握各种情况的灭火方法。

# 第4章 机械设备安全常识

班组长安全管理培训手册

**引言** 　　机械伤害事故是工业企业较为常见的事故类型。一般情况下，机械伤害事故引起的后果较为严重。在很多工作环境中，我们面对或使用机器时，如果不了解机械危害，不加以防范，就可能会发生安全事故。

## 4.1 机械设备的危险点

危险点，是指在作业中有可能发生危险的地点、部位、场所、工器具或动作等。机械设备的危险点指的是使用机械设备时有可能发生危险的部位。

生产活动上运转的机械设备具有很多的运动部位，因此正在作业的员工由于被机械卷入或有狭窄点、夹进点等引发事故的危险率很高。因机械设备所引起的危险点分类如下。

### 4.1.1 狭窄点

狭窄点是指往返运动的运动部位与固定部位之间形成的危险点，如压榨机的上部模具和下部模具之间。如图4-1所示。

### 4.1.2 夹进点

夹进点是指机械的固定部分与回转运动部分一起形成的危险点，如磨床与作业台之间。如图4-2所示。

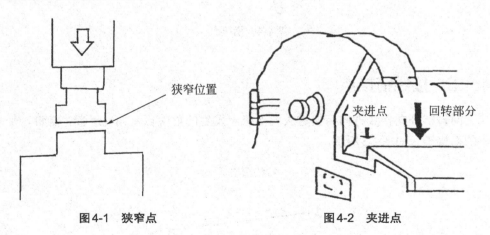

图4-1 狭窄点　　　　　　图4-2 夹进点

### 4.1.3 剪断点

剪断点是指因回转的运动部分自身与运动着的机械本身而形成的危险点。如木材加工用的圆锯齿、木工用的弓锯齿等。如图4-3所示。

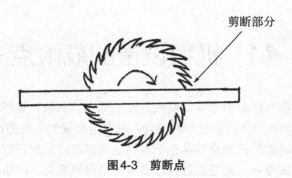

图4-3 剪断点

### 4.1.4 衔接点

衔接点是指回转的两个回转体互相以相反方向衔接而在其部位上发生危险点,如滚轴的衔接或齿轮的衔接等。如图4-4所示。

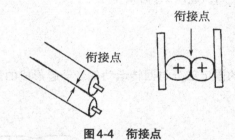

图4-4 衔接点

### 4.1.5 接线衔接点

回转部分向接线方向衔接进去的部位上发生的危险点,如V形带、链带、平带的衔接等。如图4-5所示。

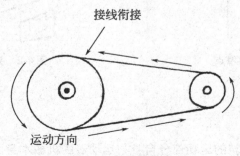

图4-5 接线衔接点

## 4.1.6 回转卷入点

回转卷入点是指回转的物体上，工作服、头发等可能被卷入的危险部分，如回转轴、电动螺丝等。如图4-6所示。

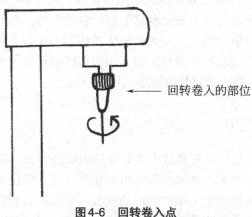

图4-6　回转卷入点

## 4.2　机械性伤害

机械性伤害主要指机械设备运动（静止）部件、工具、加工件直接与人体接触引起的夹击、碰撞、剪切、卷入、绞、碾、割、刺等形式的伤害。

### 4.2.1　卷入和绞缠

引起这类伤害的是做回转运动的机器部件（如轴类零件），包括联轴节、主轴、丝杠等；回转件上的凸出物和开口，如轴上的凸出键、调整螺栓或销、圆轮形状零件（链轮、齿轮、皮带轮）的轮辐、手轮上的手柄等，在运动情况下，将人的头发、饰物（如项链）、肥大衣袖或下摆卷缠引起的伤害。

### 4.2.2　卷入和碾压

引起这类伤害的主要危险是相互配合的运动副件，如相互啮合的齿轮之间以及齿轮与齿条之间，或皮带与皮带轮、链与链轮进入啮合部位的夹紧点，或两个做相对回转运动的辊子之间的夹口引发的卷入；滚动的旋转件引发的碾压，如轮子与轨道、车轮与路面等。

### 4.2.3 挤压、剪切和冲撞

引起这类伤害的是做往复直线运动的零部件，诸如相对运动的两部件之间、运动部件与静止部分之间由于安全距离不够产生的夹挤，以及做直线运动部件的冲撞等。直线运动有横向运动（如大型机床的移动工作台、牛头刨床的滑枕、运转中的带链等部件的运动）和垂直运动（如剪切机的压料装置和刀片、压力机的滑块、大型机床的升降台等部件的运动）。

### 4.2.4 飞出物打击

由于发生断裂、松动、脱落或弹性位能等机械能释放，使失控的物件飞甩或反弹出去，对人造成伤害。如轴的破坏引起装配在其上的皮带轮、飞轮、齿轮或其他运动零部件坠落或飞出；螺栓的松动或脱落引起被它紧固的运动零部件脱落或飞出；高速运动的零件破裂碎块甩出；切削废屑的崩甩等。另外，弹性元件的位能引起的弹射，如弹簧、皮带等的断裂；在压力、真空下的液体或气体位能引起的高压流体喷射等。

### 4.2.5 物体坠落打击

处于高位置的物体具有势能，当它们意外坠落时，势能转化为动能，造成伤害。如高处掉下的零件、工具或其他物体（哪怕是很小的）；悬挂物体的吊挂零件破坏或夹具夹持不牢引起物体坠落；由于质量分布不均衡，重心不稳，在外力作用下发生倾翻、滚落；运动部件运行超行程脱轨导致的伤害等。

### 4.2.6 切割和擦伤

切削刀具的锋刃、零件表面的毛刺、工件或废屑的锋利飞边、机械设备的尖棱及利角和锐边、粗糙的表面（如砂轮、毛坯）等，无论物体的状态是运动的还是静止的，这些由于形状产生的危险都会构成伤害。

### 4.2.7 碰撞和剐蹭

机械结构上的凸出、悬挂部分（如起重机的支腿和吊杆、机床的手柄等），以及长、大加工件伸出机床的部分等，这些物件无论是静止的还是运动的，都可能产生危险。

## 4.2.8 跌倒、坠落

如由于地面堆物无序或地面凹凸不平导致的磕绊跌伤；接触面摩擦力过小（光滑、油污、冰雪等）造成的打滑、跌倒。假如由于跌倒引起二次伤害，那么后果将会更严重。

又如人从高处失足坠落、误踏入坑井坠落；电梯悬挂装置破坏，轿厢超速下行，撞击坑底对人员造成的伤害。

班组长必须对机械性伤害有充分的了解，自己主动学习，并且要组织员工学习了解。

# 4.3 一般机械设备的危险因素

危险因素是指能对人造成伤亡或能对物造成突发性损坏的因素。机械设备危险主要针对设备的运动部分，比如传动机构和刀具、高速运动的工件和切屑。如果设备有缺陷、防护装置失效或操作不当，则随时可能造成人身伤亡事故。

## 4.3.1 传动装置的危险

机械传动分为齿轮传动、链传动和带传动。由于部件不符合要求，如机械设计不合理，传动部分和突出的转动部分外露、无防护等，可能把手、衣服绞入其中造成伤害。链传动与皮带传动中，带轮容易把工具或人的肢体卷入；当链和带断裂时，容易发生接头抓带人体，皮带飞起伤人。如图4-7所示。传动过程中的摩擦和带速高等原因，也容易使传动带产生静电，进而产生静电火花，容易引起火灾和爆炸。

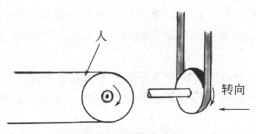

图4-7 传动装置的危险点

## 4.3.2 压力机械的危险

压力机械都具有一定施压部位，其施压部位是最危险的。由于这类设备多为手工操作，操作人员容易产生疲劳和厌烦情绪，发生人为失误，如进料不准造成原料压飞、模具移位、手进入危险区等，极易发生人身伤害事故。如图4-8所示。

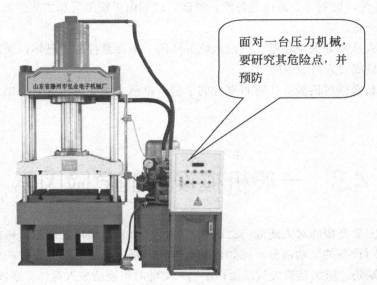

面对一台压力机械，要研究其危险点，并预防

图4-8 压力机械

## 4.3.3 机床的危险

机床是高速旋转的切削机械，危险性很大。

（1）其旋转部分，如钻头、车床旋转的工件卡盘等，一旦与人的衣服、袖口、长发、围在颈上的毛巾、手上的手套等缠绕在一起，就会发生人身伤亡事故。

（2）操作者与机床相碰撞，如由于操作方法不当、用力过猛、使用工具规格不合适，均可能使操作者撞到机床上。

（3）操作者站的位置不适当，就可能会受到机械运动部件的撞击，如站在平面磨床或牛头刨床运动部件的运动范围内，就可能被平面磨床工作台或牛头刨床滑枕撞上。

（4）刀具伤人，如高速旋转的铣刀削去手指甚至手臂。

（5）飞溅的赤热钢屑、刀屑划伤和烫伤人体；飞溅的磨料和崩碎的切屑伤及人的眼睛。

（6）工作现场环境不好，如照明不足、地面滑污、机床布置不合理、通道狭窄以及零件、半成品堆放不合理等都可能造成操作者滑倒或跌倒。

（7）冷却液对皮肤的侵蚀；噪声对人体危害等。

机械设备的危险因素不会因为人的忽视而不存在，相反，人越忽视，就越有可能存在。要消除危险，必须消除这些危险因素。

## 4.4 机械设备危险的防护措施

机械设备危险的防护措施是指防止机械设备危险的技术方面的措施。

### 4.4.1 机械传动机构危险的防护

传动装置要求遮蔽全部运动部件（如图4-9至图4-11所示），以隔绝身体任何部分与之接触。按防护部分的形状、大小制成的固定式防护装置，安装在传动部分外部，就可以防止人体接触机器的转动危险部位。主要防护措施如下。

（1）裸露齿轮传动系统必须加装防护护罩。

（2）凡离地面高度不足2米的链传动，必须安装防护罩；在通道上方时，下方必须有防护挡板，以防链条断裂时落下伤人。

（3）传动皮带的危险部位采用防护罩，尽可能立式安装。传动皮带松紧要适当。

（4）采用防静电的传动带，而且作业场所应保持较高的相对湿度，并安装接地的金属刷把皮带静电荷导入大地或做成导电的传动带并接地以防止静电火花。

图4-9 旋转部位上设置全护罩

图4-10 错误的防护措施

错误的——运动部件的后侧没有护罩

图4-11 正确的防护措施

正确的护罩——保护到运动部件的后面

### 4.4.2 冲剪压机械危险的防护

冲剪压设备最重要的是要有良好的离合器和制动器，使其在启动、停止和传动制动上十分可靠。其次要求机器有可靠的安全防护装置，安全防护装置的作用是保护操作者的肢体进入危险区时，离合器不能合上或者压力滑块不能下滑。常用的安全防护装置有防打连车装置、安全电钮、双手多人启动电钮等。

（1）防打连车装置就是利用凸轮机进行锁定与解脱，来防止离合器的失灵，使用中在每一次冲压操作中必须要松开踏板，才能开始下一行程，否则，压力机不动作。

（2）压力机安全电钮。工作原理是按电钮一次，压力机滑块只动作一个行程而不连续运转，可以起到保护操作者手的作用。

（3）双手或多人启动装置。它的作用是操作者双手同时动作方能启动，这样就把双手从危险区抽出来，防止了单手操作时，出现的一手启动，另一只手还在危险区的情况（如图4-12所示）。多人启动则是防止配合不佳，造成的伤害。

图4-12 双手启动装置

机械设备危险的防护措施，尤其是技术层面上的，班组长一定要与相关部门如设备部门、工艺部门沟通协调解决好。

## 4.5 几种常用机械的操作安全

操作安全是指使用机械设备进行加工作业时的安全保护。

### 4.5.1 金属切削机械的安全

#### 4.5.1.1 金属切削加工中常见的伤害事故

（1）刺割伤。操作人员使用较锋利的工具刃口，如金工车间里正在工作着的车、铣、刨、钻等机床的刀锯，就像快刀一样，能对未加防护的人体部位造成极大伤害。

（2）物体打击。车间的高空落物、工件或砂轮高速旋转时沿切线方向飞出的碎片、往复运动的冲床及剪床等，可导致人员受到打击伤害。

（3）绞伤。机床旋转的皮带、齿轮和正在工作的转轴都可导致绞伤。

(4) 烫伤。切削加工下来的切削碎片崩溅到人体暴露部位上导致人员烫伤。

#### 4.5.1.2　金属切削加工安全操作

(1) 穿紧身防护服，袖口不要敞开。留长发的，要戴防护帽。操作时不能使用手套，以防高速运转的部件绞缠手套而把手带入机械，造成伤害。

>  **案例**
>
> 某铝厂产品库房电动葫芦检修之后在辊筒上缠绕钢丝绳，检修工小周用左手（戴着线手套）拉紧松散的钢丝绳，用右手（也戴着线手套）拿着按钮盘点动按钮，企图将钢丝绳缠紧在辊筒上。但是，辊筒转动后操作按钮停不了电，以致检修工的左手离辊筒很近时未能及时将手脱开而被绞进辊筒上的钢丝绳间，一直等到别人将电源闸刀拉下、反转辊筒，才将受伤的手取了出来。最后，造成4个指头压断。
>
> 在这一案例中除其他因素外，最重要的是小周错误地戴手套操作，导致右手点动按钮失衡，左手感触迟钝，即使感触到了，可手又难于及时抽出。

(2) 在机床主轴上装卸卡盘时，应在停机后进行，不可用电动机的力量切下卡盘。

(3) 车削形状不规则的工件时，应装平衡块，并试转平衡后再切削。

(4) 刀具装夹要牢靠，刀头伸出部分不要超出刀体高度的1.5倍，垫片的形状、尺寸应与刀体形状、尺寸相一致，垫片应尽可能的少而平。

(5) 除了装有运转中自动测量装置的车床外，其他车床均应停车测量工件，并将刀架移动到安全位置。

(6) 对切削下来的带状或螺旋状的切削碎片，应用钩子及时清除，不准用手拉。

(7) 操作车床时，应在合适的位置上安装透明挡板，以防止崩碎切削伤人。如图4-13所示。

(8) 用砂轮打磨工件表面时，应把刀具移到安全位置，不要让衣服和手接触工件表面。加工内孔时，不可用手指支撑砂轮，应用木棍支撑，同时速度不宜太快。

(9) 夹持工件的卡盘、拨盘、鸡心夹的凸出部分最好使用防护罩，以免绞住衣服及身体的其他部位。如无防护罩，操作时应注意安全距离，不要靠近。

(10) 用顶尖装夹工件时，顶尖与中心孔应完全一致，不能用破损或歪斜的顶尖。使用前应将顶尖和中心孔擦净，后尾座顶尖要顶牢。

(11) 禁止把工具、夹具或工件放在车床床身上和主轴变速箱上。

砂轮机在运转时有可能产生碎片、颗粒物、火花,操作时必须设置防护罩

图4-13 砂轮机安装防护罩

## 4.5.2 冲压机械作业安全

### 4.5.2.1 常见事故

冲压工作最常见的事故是手指被切断,以及以下伤害。
(1) 工件被挤飞伤人。
(2) 齿轮或传动机构将操作人员绞伤。
(3) 模具起重、安装、拆卸时造成砸伤、挤伤。
(4) 冲模或工具崩碎伤人。

### 4.5.2.2 事故原因

(1) 私自拆除安全装置或安全装置失效,导致事故发生。
(2) 停机检修时,未采取保护措施,机器突然启动发生事故。
(3) 多人操作,动作不协调,发生误操作。
(4) 违反操作规程,在压力机正要运行时,用手进入模内进行调整作业。
(5) 身体不适、疲惫、体力不支发生误操作。

### 4.5.2.3 安全操作压力机

(1) 每日作业前,检查冲压机(离合器、制动器、安全装置),出现问题应立即进行修补,保证完好。
(2) 整理好工作空间,将一切不必要的物件清理干净,以防工作时震落到开关上,造成冲床突然启动发生事故。
(3) 依照安全操作规程进行作业。

(4) 整理好机器周围空间，地上杂物冲洗清理干净，以防工作时滑跌或绊倒。
(5) 停机检修或因其他原因停机时，应使用安全片或安全塞防止意外滑动事故，并在明显处挂牌警告。
(6) 绝对不能私自拆除安全装置或使其功能失效。
(7) 服装要整齐，使用指定的作业工具和劳保用品（安全帽、手套、工夹具等）。
(8) 两人以上共同作业时，需设置两个以上开关，同时启动时才能有效。
(9) 身体不适、疲惫时，禁止作业。
(10) 定期检修安全装置。

### 4.5.2.4 可能发生的被夹、卷事故及预防措施

(1) 可能发生的被夹、卷事故的原因。
——操作机器时精力不集中，想其他事，结果发生误操作，导致事故。
——安装、拆卸夹具时，机器突然启动。
——上料、取料，或装、卸工件时，没有正确使用安全装置。
——检查产品、材料时，机器突然启动。
——加油时，机器突然启动。
——试车时，机器突然启动。
——清扫铁屑时，戴手套工作。
(2) 预防措施。
——机器的旋转轴、传送带等旋转部位要加护罩、安全护栏、安全护板等直接防护，拆掉这些安全装置时，须经上级批准。
——为防止身体等不慎碰触启动键而使其启动，启动键应加以防护，做成外包式或凹陷式。
——作业时，穿戴合适的工作服、戴安全帽、穿防砸鞋等，不得穿裙子，戴手套、围巾，长发不能露在帽外，不得佩戴悬吊饰物。
——作业前检查服装是否有被卷入的危险（脖子上缠的毛巾、上衣边、裤角等）。
——保证作业必要的安全空间。
——机器开始运转时，严格实行规定的信号。
——机器运转时，禁止用手调整或测量工件，禁止用手触摸机器的旋转部件。
——清理铁屑等接近危险部位的作业，应使用夹具（如搭钩、铁刷等）。
——停机进行清扫、加油、检查和维修保养等作业时，须锁定该机器的启动装置，并挂警示标志。
——感到有危险时，立即操作紧急停车键。如图4-14、图4-15所示。

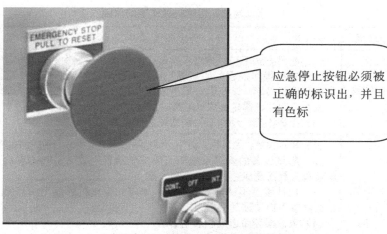

图4-14 应急停止按钮应有色标

图4-15 应急停止按钮必须正常运转

## 4.5.3 起重运输机械操作安全

### 4.5.3.1 常见伤害

（1）挤伤。
（2）吊运物体砸伤。
（3）吊运物体压伤。
（4）钢丝绳打伤。
（5）起重机倾翻或折臂伤害。

### 4.5.3.2 主要原因

造成起重、运输机械伤害的原因有三个方面，具体见表4-1。

表 4-1　造成起重、运输机械伤害的原因

| 序号 | 原因类别 | 主要因素说明 |
| --- | --- | --- |
| 1 | 操作因素 | （1）起吊方式不当，捆绑不牢造成的脱钩、起重物散落或摆动伤人<br>（2）违反操作规程，如超载起重、人处于危险区工作等造成的人员伤亡和设备损坏，以及因司机不按规定使用限重器、限位器、制动器或不按规定归位、锚定造成的超载、过卷扬、出轨、倾翻等事故<br>（3）指挥不当、动作不协调造成的碰撞等 |
| 2 | 设备因素 | （1）吊具失效，如吊钩、抓斗、钢丝绳、网具等损坏而造成的重物坠落<br>（2）起重设备的操纵系统失灵或安全装置失效而引起的事故，如制动装置失灵而造成重物的冲击和夹挤<br>（3）构件强度不够导致的事故，如塔式起重机的倾倒，其原因是塔吞的倾覆力矩超过其稳定力矩所致<br>（4）电器损坏而造成的触电事故<br>（5）因啃轨、超磨损或弯曲造成的桥式起重机出轨事故等 |
| 3 | 环境因素 | （1）因雷电、阵风、龙卷风、台风、地震等强自然灾害造成的出轨、倒塌、倾翻等设备事故<br>（2）因场地拥挤、杂乱造成的碰撞、挤压事故<br>（3）因亮度不够和遮挡视线造成的碰撞事故等 |

#### 4.5.3.3　防范措施

（1）起重、运输作业人员须经有资格的培训单位培训并考试合格，取得特种作业人员操作证后，才能上岗。

（2）起重运输机械必须设有安全装置。

（3）严格检验和修理起重运输机件，报废的应立即更换。

（4）建立健全维护保养、定期检验、交接班制度和安全操作规程。

（5）起重机运行时，禁止任何人上下，也不能在运行中检修。如图4-16所示。

图 4-16　起重运行禁止上下人

(6) 起重机悬臂能够伸到的区域不得站人。如图 4-17 所示。

> 被吊物下方及其可能滑脱摔落的最大半径范围等危险区内有人员时应立即停止作业

图 4-17　吊臂下禁止有人

(7) 吊运物品时，不得从有人的区域上空经过，吊物上不准站人，不能对吊挂物进行加工。

(8) 起吊的东西不能在空中长时间停留，特殊情况下应采取安全保护措施。

(9) 开车前必须先打铃或报警，操作中接近人时，也应给予持续打铃或报警。

(10) 按指挥信号操作，对紧急停车信号，不论任何人发出，都应立即执行。

(11) 确认起重机上无人时，才能闭合主电源进行操作。

(12) 工作中突然断电时，应将所有控制器手柄扳回零位，重新工作前，应检查起重机是否工作正常。

(13) 在轨道上作业的起重机，当工作结束后，应将起重机锚定住，当风力大于 6 级时，一般应停止工作，并将起重机锚定住。

(14) 严格按限重规定操作设备。如图 4-18 所示。

> 作业现场的限重警示标志牌

图 4-18　限重警示标志

# 第5章 危险化学品管理常识

班组长安全管理培训手册

**引言** 由于危险化学品都具有易燃、易爆、有毒、有害或有腐蚀等危险特性，从它的生产到使用、储存、运输和经营等过程中，如果控制不当，极易发生事故，如火灾或爆炸、人员中毒或伤亡、污染生态环境等。企业必须切实加强危险化学品的安全管理，避免其可能带来的对生命、财产、健康及环境的伤害和损失。

# 5.1 化学危险品的认识

任何人在作业之前,都应该了解产品的特性,即从MSDS(化学品安全说明书)入手,要对产品的特点有基本的了解之后才可以进行操作。

## 5.1.1 什么是化学危险品

凡具有爆炸、易燃、毒害、腐蚀、放射性等危险性质,在运输、装卸、生产、使用、储存、保管过程中,在一定条件下能引起燃烧、爆炸,导致人身伤亡和财产损失等事故的化学物品,统称为化学危险物品。

#### 5.1.1.1 化学危险品的特性

化学危险品一般都具有易燃、易爆、腐蚀毒害性,事故易发、多发和事故发生后造成的灾难性。

#### 5.1.1.2 化学危险品的种类

一般的按化学品的主要危害特性,将它们分为以下八大类,见表5-1。

表5-1 化学危险品的种类

| 序号 | 种类 | 举例说明 |
| --- | --- | --- |
| 1 | 爆炸品 | 如硝化甘油、TNT等 |
| 2 | 压缩气体和液化气体 | 如氢气、氨气、石油液化气等 |
| 3 | 易燃液体 | 如苯、天那水、异丙醇、胶水等 |
| 4 | 易燃固体、自燃物品和遇湿易燃物品 | 如黄磷、铝粉、镁粉、钠、钾、氢化铝等 |
| 5 | 氧化剂和有机过氧化物 | 如氯酸钾、过氧化钠等 |
| 6 | 放射性物品 | 如锂、铀等 |
| 7 | 毒害品 | 如硝基苯、氰化物等 |
| 8 | 腐蚀 | 如硝酸、发烟硫酸等 |

#### 5.1.1.3 化学危险品的毒害性

某些生产性化学性毒物不仅能引起中毒,而且还具有致突变、致畸胎和致癌作用,其中中毒又有急性和慢性之分。它一般与接触毒物的种类、性质、浓度和时间及人的身体素质有关。

#### 5.1.1.4 毒物进入人体的三种途径

毒物进入人体的三种途径如下。

（1）呼吸道，这是最主要的一种途径。

（2）皮肤。

（3）消化道。

班组长一定要对本班组作业中使用的化学品的种类、特性、毒害性及毒性进入人体的途径有充分的了解。

### 5.1.2 化学品安全说明书（MSDS）

MSDS是Material Safety Data Sheet的缩写。化学品安全说明书（Material Safety Data Sheet），国际上称作化学品安全信息卡，简称MSDS。如图5-1、图5-2所示。

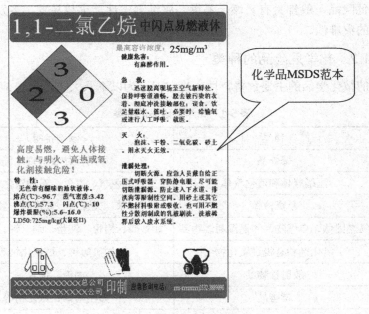

图5-1 化学品MSDS范本

班组长了解危险品的特性，可从MSDS入手。MSDS简要地说明了一种化学品对人类健康和环境的危害性并提供如何安全搬运、储存和使用该化学品的信息。MSDS包括如下化学产品安全数据信息。

（1）化学产品与公司标志符。

（2）化合物信息或组成成分。

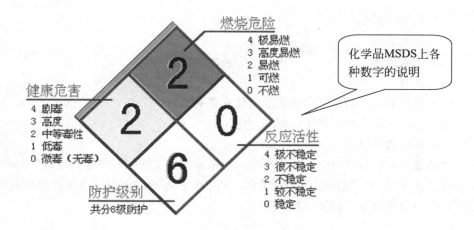

图5-2 化学品MSDS上各种数字含义说明

(3) 误用该化学产品时可能出现的危害人体健康的症状及有危害物标志。
(4) 紧急处理说明和医生处方。
(5) 化学产品防火指导,包括产品燃点、爆炸极限值以及适用的灭火材料。
(6) 为使偶然泄漏造成的危害降低到最低程度应采取的措施。
(7) 安全装卸与储存的措施;减少工人接触产品以及自我保护的装置和措施。
(8) 化学产品的物理和化学属性。
(9) 改变化学产品稳定性以及与其他物质发生反应的条件。
(10) 化学物质及其化合物的毒性信息。
(11) 化学物质的生态信息,包括物质对动植物及环境可能造成的影响。
(12) 对该物质的处理建议。
(13) 基本的运输分类信息。
(14) 与该物质相关的法规的附加说明。
(15) 其他信息。

班组长在接触危险化学品前一定要认真阅读化学品安全说明书(MSDS),绝不可抱着一种轻视的心理。

## 5.1.3 化学品安全标签

化学品安全标签是指粘贴在化学品包装上的标签,起警示的作用。

化学品安全标签,是向接触化学品的人员警示其危险性、正确掌握该化学品安全处置方法的良好途径。其主要内容如下:

(1) 化学品和其主要有害组成标志。
(2) 警示词。

（3）危险性概述。

（4）安全措施。

（5）灭火措施。

（6）批号。

（7）提示向生产销售企业索取安全技术说明书。

（8）生产企业名称、地址、邮编、电话。

（9）应急咨询电话。

本标签随商品流动，一旦发生事故，可从标签上了解到有关处置资料，同时，标签还提供了生产厂家的应急咨询电话，必要时，可通过该电话与生产单位取得联系，得到处理方法。如图5-3所示。

化学品标签示例，本标签必须随商品流动

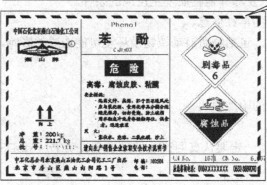

图5-3 化学品标签

## 5.1.4 化学危险品特性的学习

化学危险品的特性是指化学危险品本身具有的一些特性。

对于经常需要与危险化学品进行接触的操作人员，必须组织其对各个化学品的特性进行学习。

在进行化学品特性教育时,应该教给员工如何做,而不是只教给员工不应该做什么,在这个时候班组长和老员工应该身体力行地正确地指导和影响新员工。可采用多种方式如游戏或比赛的方法鼓励员工进行学习,对学习效果较好的员工给予适当的奖励来巩固学习的成果。同时,要定期对各个员工的安全操作进行检查并在白板上及时通报检查结果,让员工了解自己的学习成果及需要提高和改善的地方。

班组长和老员工应该身体力行地正确地指导和影响新员工,使之了解所接触的化学品的特性。

## 5.2 搬运、装卸安全

危险化学品具有自燃、爆炸、助燃、毒害、腐蚀等危险特性,受到摩擦、震动、撞击,或接触火源、日光曝晒、遇水受潮,或温湿度变化,以及性能相抵触等外界因素的影响,会引起燃烧、爆炸、中毒、死亡等灾害性事故,造成重大的破坏和损失,因此,在搬运装卸过程时的安全操作极为重要。同时,对于不同特性的危险化学品,其搬运装卸有各自特殊的要求。

### 5.2.1 搬运、装卸的基本要求

搬运、装卸基本要求是指不管是哪种化学危险品,在搬运、装卸时都必须遵守的规定、要求,具体如下。

(1) 在装卸搬运化学危险物品前,要预先做好准备工作,了解物品性质,检查装卸搬运的工具是否牢固,不牢固的应予以更换或修理。如工具上曾被易燃物、有机物、酸、碱等污染的,必须清洗后方可使用。如图5-4所示。

图5-4 检查搬运工具并固定好危险品

（2）装卸搬运时，操作人员应根据不同物资的危险特性，分别穿戴相应合适的防护用具，对毒害、腐蚀、放射性等物品更应注意。防护用具包括工作服、橡皮围裙、橡皮袖罩、橡皮手套、长筒胶靴、防毒面具、滤毒口罩、纱口罩、纱手套和护目镜等。操作前应由专人检查用具是否妥善，穿戴是否合适。操作后应进行清洗或消毒，放在专用的箱柜中保管。如图5-5所示。

搬运、装卸前，必须做好个人防护

图5-5 搬运危险品做好个人防护

（3）操作中，对化学危险物品应轻拿轻放，防止撞击、摩擦、碰摔、振动。液体铁桶包装下垛时，不可用跳板快速溜放，应在地上、垛旁垫旧轮胎或其他松软物，缓慢放下。标有不可倒置标志的物品切勿倒放。发现包装破漏，必须移至安全地点整修或更换包装，整修时不应使用可能产生火花的工具。化学危险物品撒落在地面、车板上时，应及时扫除，对易燃易爆物品应用松软物经水浸湿后扫除。

（4）在装卸搬运化学危险物品时，不得饮酒、吸烟。工作完毕后，根据工作情况和危险品的性质及时清洗手、脸，漱口或淋浴。装卸搬运毒害品时，必须保持现场空气流通，如果发现恶心、头晕等中毒现象，应立即到新鲜空气处休息，脱去工作服和防护用具，清洗皮肤沾染部分，重者送医院诊治。

班组长要不断地对员工进行教育，使其掌握化学品搬运、装卸的要求，在实际作业中班组长要进行监督、检查。

## 5.2.2 压缩气体和液化气体的搬运与装卸

压缩气体和液化气体是气体经压缩后成为压缩气体或液化气体而储存于耐压容器中的，具有因受热、撞击或气体膨胀使容器受损引起爆炸的危险。它分为剧毒气体、易燃气体、助燃气体和不燃气体四项，如液化氮、压缩氧、乙炔、压缩氯等都属此类物品。

压缩气体和液化气体搬运时要注意以下事项。

（1）储存压缩气体和液化气体的钢瓶是高压容器，装卸搬运作业时，应用抬架或搬运车，防止撞击、拖拉、摔落，不得溜坡滚动。

（2）搬运前应检查钢瓶阀门是否漏气，搬运时不要把钢瓶阀对准人身，注意防止钢瓶安全帽跌落。

（3）装卸有毒气体钢瓶，应穿戴防毒用具。剧毒气体钢瓶要当心漏气，防止吸入毒气。

（4）搬运氧气钢瓶时，工作服和装卸工具不得沾有油污。

（5）易燃气体（标志如图5-6所示）严禁接触火种，在炎热季节搬运作业应安排在早晚阴凉时。

图5-6　易燃气体标志

作业人员在装卸、搬运前要确认是不是压缩气体和液化气体，并严格按压缩气体和液化气体的装卸、搬运要求来操作。

## 5.2.3　易燃液体的搬运与装卸

凡在常温下以液体状态存在，遇火容易引起燃烧，其闪点在45℃以下的物质叫易燃液体。

易燃液体（标志如图5-7所示）的闪点低、气化快、蒸气压力大，又容易和

图5-7　易燃液体标志

空气混合成爆炸性的混合气体，在空气中浓度达到一定范围时，不但是火焰能引起它起火燃烧或蒸气爆炸，其他如火花、火星或发热表面都能使其燃烧或爆炸。因此，装卸搬运作业必须注意以下5点。

（1）装卸搬运作业前应先进行通排风。

（2）装卸搬运过程上不能使用黑色金属工具，必须使用时应采取可靠的防护措施；装卸机具应装有防止产生火花的防护装置。

（3）在装卸搬运时必须轻拿轻放，严禁滚动、摩擦、拖拉。

（4）夏季运输要安排在早晚阴凉时间进行作业；雨雪天作业要采取防滑措施。

（5）罐车运输要有接地链。

作业人员在装卸、搬运前要确认是不是易燃液体，并严格按易燃液体的装卸、搬运要求来操作。

### 5.2.4 易燃固体的搬运与装卸

在常温下以固态形式存在，燃点较低，遇火受热、撞击、摩擦或接触氧化剂能引起燃烧的物质，称易燃固体，如赤磷、硫黄、松香、樟脑、镁粉等。

易燃固体（标志如图5-8所示）燃点低，对热、撞击、摩擦敏感，容易被外部火源点燃，而且燃烧迅速，并散发出有毒气体。在装卸搬运时除按易燃液体的要求处理外，其作业人员禁止穿带铁钉的鞋，不可与氧化剂、酸类物资共同搬运。搬运时散落在地面上和车厢内的粉末，要随即以湿黄砂抹擦干净。装运时要捆扎牢固，使其不摇晃。

**图5-8　易燃固体标志**

作业人员在装卸、搬运前要确认是不是易燃固体，并严格按易燃固体的装卸、搬运要求来操作。

## 5.2.5　遇湿易燃物品的搬运与装卸

遇湿易燃物品是指与水或空气中的水分能发生剧烈反应，放出易燃气体和热量，具有发生火灾的危险的物品。

遇湿易燃物品（标志如图5-9所示）与水相互作用时发生剧烈的化学反应，放出大量的有毒气体和热量，由于反应异常迅速，反应时放出的气体和热量又多，使所放出来的可燃性气体迅速地在周围空气中达到爆炸极限，一旦遇明火或由于自燃而引起爆炸。所以在搬运、装卸作业时要注意以下事项。

图5-9　遇湿易燃物品标志

（1）要注意防水、防潮，雨雪天没有防雨设施不准作业。若有汗水应及时擦干，绝对不能直接接触遇水燃烧物品。

（2）在装卸搬运中不得翻滚、撞击、摩擦、倾倒，必须做到轻拿轻放。

（3）电石桶搬运前须先放气，使桶内乙炔气放尽，然后搬动。须2人抬扛，严禁滚桶、重放、撞击、摩擦，防止引起火花。工作人员须站在桶身侧面，避免人身冲向电石桶面或底部，以防爆炸伤人。不得与其他类别危险化学品混装混运。

作业人员在装卸、搬运前要确认是不是遇湿易燃物品，并严格按遇湿易燃物品的装卸、搬运要求来操作。

## 5.2.6　氧化剂的搬运与装卸

氧化剂是指处于高氧化态，具有强氧化性，易分解并放出氧和热量的物质，包括含有过氧基的无机物。其本身不一定可燃，但能导致可燃物的燃烧，与粉末状可燃物能组成爆炸性混合物，对热、震动或摩擦较为敏感。

氧化剂（标志如图5-10所示）在装运时除了注意以上规定外，应单独装运，不得与酸类、有机物、自燃、易燃、遇湿易燃的物品混装混运，一般情况下氧化剂也不得与过氧化物配装。

图 5-10　氧化剂标志

作业人员在装卸、搬运前要确认是不是氧化剂,并严格按氧化剂的装卸、搬运要求来操作。

### 5.2.7　毒害物品及腐蚀物品的搬运与装卸

#### 5.2.7.1　什么是毒害物品及腐蚀物品

毒害物品是指进入肌体后,累积达一定的量,能与体液和组织发生生物化学作用或生物物理作用,扰乱或破坏肌体的正常生理功能,引起暂时性或持久性的病理改变,甚至危及生命的物品。

腐蚀品是指能灼伤人体组织并对金属等物品造成损坏的固体或液体。与皮肤接触在4小时内出现可见坏死现象,或温度在55℃时,对20号钢的表面均匀年腐蚀率超过6.25mm/a的固体或液体。

毒害物品尤其是剧毒物品,少量进入人体或接触皮肤,即能造成局部刺激或中毒,甚至死亡。腐蚀物品具有强烈腐蚀性,除对人体、动植物体、纤维制品、金属等能造成破坏外,甚至会引起燃烧、爆炸。毒害及腐蚀品标志如图5-11所示。

图 5-11　毒害及腐蚀品标志

#### 5.2.7.2 毒害物品及腐蚀物品的搬运与装卸要求

装卸、搬运时必须注意以下事项。

（1）在装卸、搬运时，要严格检查包装容器是否符合规定，包装必须完好。

（2）作业人员必须穿戴防护服、胶手套、胶围裙、胶靴、防毒面具等。

（3）装卸剧毒物品时要先通风，再作业，作业区要有良好的通风设施。剧毒物品在运输过程中必须派专人押运。

（4）装卸要平稳，轻拿轻放，严禁肩扛、背负、冲撞、摔碰，以防止包装破损。

（5）严禁作业过程中饮食；作业完毕后必须更衣洗澡；防护用具必须清洗干净后方能再用。

（6）装运剧毒品的车辆和机械用具，都必须彻底清洗，才能装运其他物品。

（7）装卸现场应备有清水、苏打水和稀醋酸等，以备急用。

（8）腐蚀物品装载不宜过高，严禁架空堆放；坛装腐蚀品运输时，应套木架或铁架。

作业人员在装卸、搬运前要确认是不是毒害物品及腐蚀物品，并严格按毒害物品及腐蚀物品的装卸、搬运要求来操作。

## 5.3 储存保管、使用、废弃安全

### 5.3.1 危险化学品的储存安全

危险化学品储存安全就是对存放有危险化学品的仓库或者仓库内的危险化学品进行适当的管理，以确保其在储存过程中的安全。

#### 5.3.1.1 危险化学品的储存安排

危险化学品储存安排取决于危险化学品分类、分项、容器类型、储存方式和消防的要求，具体见表5-2。

表5-2 危险化学品储存要求

| 序号 | 分类 | 储存要求 |
| --- | --- | --- |
| 1 | 遇火、遇热、遇潮能引起燃烧、爆炸或发生化学反应,产生有毒气体的危险化学品 | 不得在露天或在潮湿、积水的建筑物中储存 |
| 2 | 受日光照射能发生化学反应引起燃烧、爆炸、分解、化合或能产生有毒气体的危险化学品 | 应储存在一级建筑物中,其包装应采取避光措施 |
| 3 | 压缩气体和液化气体 | 必须与爆炸物品、氧化剂、易燃物品、自燃物品、腐蚀性物品隔离储存 |
| 4 | 易燃气体 | 不得与助燃气体、剧毒气体同储,氧气不得和油脂混合储存,盛装液化气体的容器,属压力容器的,必须有压力表、安全阀、紧急切断装置,并定期检查,不得超装 |
| 5 | 易燃液体、遇湿易燃物品、易燃固体 | 不得与氧化剂混合储存,具有还原性的氧化剂应单独存放 |
| 6 | 有毒物品 | 应储存在阴凉、通风、干燥的场所,不要露天存放,不要接近酸类物质 |
| 7 | 腐蚀性物品 | 包装必须严密,不允许泄漏,严禁与液化气体和其他物品共存 |

危险化学品入库时,应严格检验商品质量、数量、包装情况、有无泄漏。如图5-12至图5-14所示。

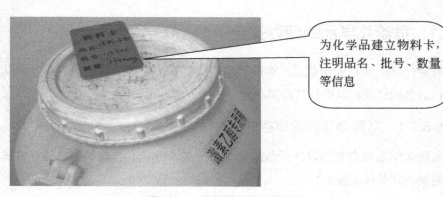

为化学品建立物料卡,注明品名、批号、数量等信息

图5-12 为化学品建立物料卡

图 5-13 危险品专门划区管理

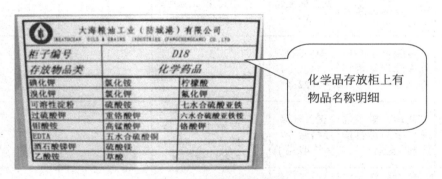

图 5-14 化学品标示管理

### 5.3.1.2 须定期进行检查

危险化学品入库后应根据商品的特性采取适当的养护措施，在储存期内定期检查，做到一日两检，并做好检查记录（见表5-3），发现其品质变化、包装破损、渗漏、稳定剂短缺等及时处理。

**表5-3　危险化学品安全检查表**

检查人员：　　　　　　　　　检查时间：

| 序号 | 检查内容 | 检查依据 | 检查方法及标准 | 检查结果 | | | |
|---|---|---|---|---|---|---|---|
| | | | | 符合 | 不符合及主要问题 | 整改要求 | 整改结果 |
| 1 | 危险化学品是否定点存放 | 国务院第344号令，第22条 | 危险化学品应定点存放在指定区域或房间 | | | | |
| 2 | 危险化学品存放点是否符合安全运行要求 | 国务院第344号令，第16条 | 危险化学品存放点应符合通风、防晒、防潮、防泄漏等要求 | | | | |
| 3 | 危险化学品场所安全、消防设施是否正常运行 | 国务院第344号令，第16条 | 危险化学品生产、使用、储存场所安全、消防设施应正常运行，以确保安全 | | | | |
| 4 | 危险化学品存放是否规范 | 国务院第344号令，第16条 | 应当根据危险化学品的种类、特性分类、分开存放，避免发生化学反应 | | | | |
| 5 | 危险化学品场所安全标志是否完好 | 安全标准化5.8 | 危险化学品场所安全标志应完好 | | | | |
| 6 | 危险化学品出入库管理是否规范 | 国务院第344号令，第22条 | 危险化学品应按照出入库管理进行规范管理，并有相应的出入库登记等 | | | | |
| 7 | 装卸、搬运危险化学品是否按照规定进行 | 国务院第344号令，第42条 | 装卸、搬运危险化学品应做到轻装、轻卸，严禁摔、碰、撞击、拖拉、倾倒等 | | | | |
| 8 | 危险化学品作业场所员工是否遵守安全规章制度和操作规程 | 《安全生产法》第49条 | 危险化学品作业场所员工是否遵守安全规章制度和操作规程 | | | | |
| 9 | 作业场所员工是否按规定正确穿戴、使用防护用品 | 《安全生产法》第49条 | 作业场所员工应按规定正确穿戴、使用防护用品 | | | | |
| 10 | 其他安全隐患： | | | | | | |
| 检查考核意见： | | | | | | | |

　　　　　　　　　　　　　　　　　　　　　　　　　检查单位负责人：

被查单位现场人员：　　　　　　　　被查单位负责人：

### 5.3.1.3 储存中火灾的防范

分析研究危险化学品储存发生火灾的原因，对加强危险化学品的安全储存管理是十分有益的。

（1）物质燃烧必须具备三个条件。物质燃烧必须具备的三个条件即可燃物、助燃物、着火源。不论固体、液体或气体物质，凡是与空气中的氧气或其他氧化剂起剧烈化学反应的都是可燃物；帮助和支持燃烧的物质叫助燃物，主要是空气中的氧；凡是能引起可燃物质燃烧的热能都叫着火源。

（2）危险化学品储存发生火灾的原因。主要有以下9种情况，如图5-15所示。

| 序号 | 原因 | 说明 |
|---|---|---|
| 1 | 着火源控制不严 | 着火源是指可燃物燃烧的一切热能源，包括明火焰、赤热体、火星和火花、化学能等。在危险化学品的储存过程中的着火源主要有两个方面：一是外来火种，如烟囱飞火、汽车排气管的火星、库房周围的明火作业、吸烟的烟头等；二是内部设备不良，操作不当引起的电火花、撞击火花和太阳能、化学能等，如电器设备或装卸机具不防爆或防爆等级不够、装卸作业使用铁质工具碰击打火、露天存放时太阳的曝晒、易燃液体操作不当产生静电放电等 |
| 2 | 性质相互抵触的物品混存 | 出现危险化学品的禁忌物料混存，往往是由于经办人员缺乏知识或者是有些危险化学品出厂时缺少鉴定，也有的企业因储存场地缺少而任意临时混存，造成性质抵触的危险化学品因包装容器渗漏等原因发生化学反应而起火 |
| 3 | 产品变质 | 有些危险化学品已经长期不用，仍废置在仓库中，又不及时处理，往往因变质而引起事故 |
| 4 | 养护管理不善 | 仓库建筑条件差，不适应所存物品的要求，如不采取隔热措施，使物品受热；因保管不善，仓库漏雨进水使物品受潮；盛装的容器破漏，使物品接触空气或易燃物品蒸气扩散和积聚等均会引起着火或爆炸 |
| 5 | 包装损坏或不符合要求 | 危险化学品容器包装损坏，或者出厂的包装不符合安全要求，都会引起事故 |

图5-15

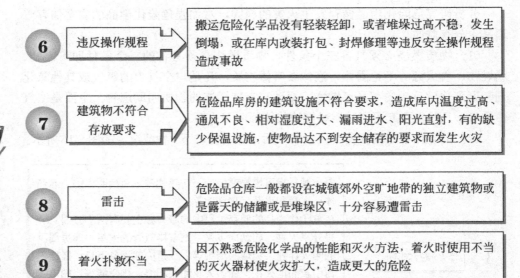

图5-15 危险化学品储存发生火灾的九大原因

现场对化学危险品一定要分类分区存放,并根据其特性采取适当的养护措施,在储存期内定期检查,做到一日两检,并做好检查记录。

## 5.3.2 危险化学品的使用

危险化学品的使用就是将化学品运用于产品中,或使之达成某种目的。危险化学品的使用要求如下。

(1)危险化学品使用部门要限量领用。制定领用、暂存制度,重要岗位应具备相关危险化学品的MSDS清单(或安全技术说明书)。使用人员必须了解危险化学品的性能,做好个人安全防护工作,严格按照危险化学品操作要求操作。如图5-16所示。

(2)使用部门暂存危险化学品时,应有固定地点分类(分室)存放,并做好相应的防挥发、防泄漏、防火防盗等预防措施,应有处理泄漏、着火等应急保障设施。如图5-17、图5-18所示。

(3)使用责任部门加强对使用场所和暂存场所的检查,形成检查记录。安全部负责对其进行定期巡查,并建立巡查记录。

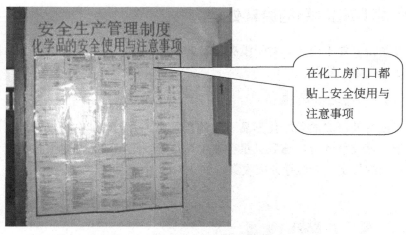

图5-16 化学品安全使用与注意事项看板

图5-17 化学品防漏措施

图5-18 化学品危险警示及防护品定置

### 5.3.3 危险化学品的废弃处理

废弃是指弃置不用了。对于没有用完的危险化学品不能随便丢弃,而要采取一定的措施收集、处理。

#### 5.3.3.1 废物的收集

对于没有使用完的危险化学品不能随意丢弃,否则可能会引发意外事故。如往下水道倒液化气残液,遇到火星会发生爆炸等。正确的方法是要按照化学品的特性及企业的规定对其进行分类收集。如图5-19所示。

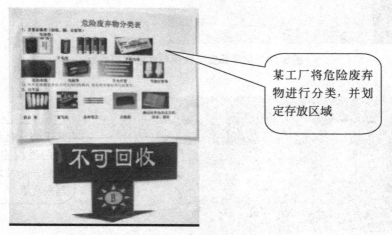

某工厂将危险废弃物进行分类,并划定存放区域

图5-19 化学品废弃物分类并分区存放

剧毒品用完之后,留下的包装物必须严加管理,使用部门应登记造册,指定专人交物资回收部门,由专人负责管理。

#### 5.3.3.2 危险化学品的处理

对于不可回收的废弃物,由有资质的公司进行处理,或使用部门排放达标后化学废液排放至污水处理站。

## 5.4 危险化学品的劳动保护与急救

### 5.4.1 劳动保护

劳动保护是指为保护劳动者在搬运、装卸、储存、使用化学危险品的过程中的安全和健康所采取的管理、技术、组织措施。

#### 5.4.1.1 必须有安全标志

对危险化学品废弃物容器、包装物，以及储存、运输、处置危险化学品废弃物的场所、设施，必须设置危险废弃物识别标志；对不宜挂贴安全标志的系统，如管道、反应器、储罐等装置和设施，应采用颜色或其他标志方式警示其危险性。其张贴形式可根据作业场所而定，如可张贴在墙上、装置或容器上，也可单独立牌。印刷应清晰，所用的材料要耐用和防水。如图5-20、图5-21所示。

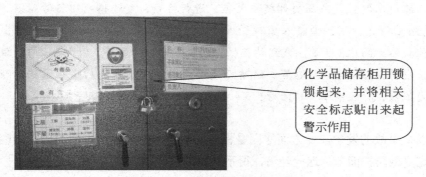

图5-20　化学品标示后专柜储存

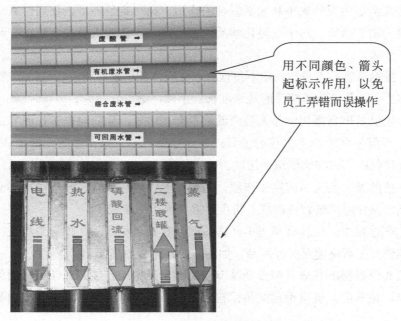

图5-21　化学品管道标示

### 5.4.1.2 无条件使用劳保设施

**案例**

某铁路货运场，3名装卸工卸危险化学品——硫酸。按正常程序，他们先将槽车的上出料管与输送管法兰连接好，对槽内加压。当压力达到要求后硫酸仍没流出，随后采取放气减压打开槽口大盖，进行检查，发现槽内出料管堵塞。于是3人将法兰拆开，用钢管插入出料管进行疏通。当出料管被捣通时管内喷出白色泡沫状液体，高达3米多，溅到站在槽上的3人身上和面部。由于3人均没戴防护面罩，当时3人眼前一片漆黑，眼睛疼痛难忍，经用水清洗后送往医院，经检查被诊为碱伤害。经半年多的治疗，3人视力均低于0.2，且泪腺受损。

以上事故的发生，一方面原因是槽车清洗不到位，另一方面原因是卸酸工未按规定穿戴防护面罩，遇此险情，得不到防护。

在现场生产过程中，劳动防护用品是作业人员的最后一道防线，使用劳动保护用品，能够通过采取阻隔、封闭、吸收、分散、悬浮等措施，起到保护员工身体的局部或全部免受外来不利因素侵害的作用。在一定条件下，使用个人防护用品是主要的防护措施。对于危险化学品而言，国家对作业人员安全防护在制度上做出以下要求。

（1）接触毒害品人员作业中不得饮食，并应佩戴手套和相应防毒口罩或面具，穿防护服。每次作业完毕应及时洗涤面部、手部，漱口。

（2）接触易燃易爆化学品人员应佩戴手套、口罩，穿防静电工作服等必备防护用具，不得使用能产生火花的工具，禁止穿带钉鞋。操作中防止摩擦和撞击，桶装各种氧化剂不得在水泥地面滚动。

（3）接触腐蚀品人员应穿工作服，戴护目镜、胶皮手套、胶皮围裙等必须的防护用具。操作时严禁背负肩扛，防止摩擦、振动、撞击。

在生产过程中，往往有员工不严格按要求穿戴防护用品，作为班组长，一定要严格监督员工正确使用劳保用品。如图5-22、图5-23所示。

班组长应确保所有成员都接受过专门的化学品搬运、装卸、使用方面的安全培训教育，使其能正确辨识危险品标签的内容，掌握各类化学品安全使用和处置要求。

图5-22 防护服穿着要求看板

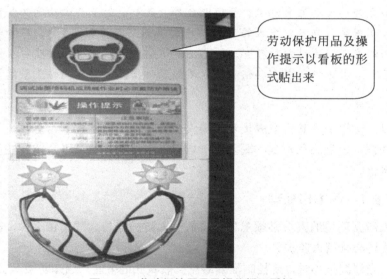

图5-23 劳动保护用品及操作提示看板

## 5.4.2 紧急事故的处理

突然发生的化学品紧急事故是指在短时间内有毒化学品泄漏到环境中,造成环境严重污染,人群健康受到严重威胁的事故。

化学品紧急事故发生的直接原因可能是设备老化、违反操作规程、火灾、交通事故、人为破坏等,但根本原因是管理不善。

**案例**

某造纸厂发生一起因员工严重违反操作规程和缺乏救助常识而导致10人中毒,其中4人死亡的重大伤害事故。

按照惯例,工人于早上7:00停机,并经过往浆渣池中灌水、排水的工序后,8:00左右有2名工人下池扫浆,当即晕倒在池中。在场工人在没有通知厂领导的情况下,擅自下池救人,先后有6人因救人相继晕倒在池中,另有2人在救人过程中突感不适被人救出。至此,已有10人中毒。厂领导赶到后,立即组织抢救,经往池中灌氧、用风扇往池中送风后,才将中毒者全部用绳子拉出池来。由于本次中毒发生快、中毒深,工人病情严重,10例病人在送往医院后,已有6例心跳和呼吸停止,虽经多方努力抢救,至当日下午4:20分,已有4人死亡。

经调查,这次事故发生的原因除了工人严重违反操作规程、缺乏安全及应急措施、缺乏劳动安全卫生意识、管理混乱外,最重要的是员工缺乏必要的防毒急救安全知识教育。在本次中毒的10位工人,在该厂工作1~5年,厂方却从未进行过有关的安全卫生培训和教育,他们不知道制浆过程中存在哪些对人体有害的化学物质、对人体能造成哪些伤害,也不知预防措施,更不知发生紧急情况如何救治。

所以,班组长及其班组成员对现场安全急救常识的掌握非常重要,只有掌握了这些知识,才能临危不乱,既能保护自己,也能救人。以下介绍一些简单的安全急救常识。

#### 5.4.2.1 防溢出处理

进入泄漏现场的人员必须配备必要的个人防护器具,严禁带火种,严禁单独行动,现场必须留人监护。

(1)当泄漏量小时,应控制泄漏避免扩散减低危害性,通知防溢队员处理。

(2)液体或固体泄漏物可用干沙或专用吸收棉条围吸,然后收集在密封的容器内,加以处理。

(3)在处理化学品事故时,必须先清楚泄漏物品的危害性,以采取相应的防护措施,确保处理事故的人员不会受到危害方可进行处理,否则便要报警求助。

#### 5.4.2.2 化学品火灾事故的处理

发生化学品火灾事故时,现场人员在保护好自身安全的情况下,及时向有关人员、部门报告,迅速将危险区域内的人员撤离至安全区域。

危险化学品容易发生火灾、爆炸事故,但不同的化学品以及在不同情况下发生火灾时,其扑救方法差异却很大,若处置不当,不仅不能有效扑灭火灾,反而会使灾情进一步扩大,也由于其本身具有的毒害性,极易造成人员中毒,因此扑救化学品火灾是一项极其重要又非常危险的工作。当火势尚可控制时,在穿戴好合适的防护用具时,才可使用适当的移动式灭火器来控制火灾,但不得盲目的使用水来灭此类火灾。及时报警向相关部门求助。火势大时应果断撤离现场,以防不必要的人员伤害。

## 5.4.3 现场急救

现场急救是指当发生紧急事故时需要作出立即反应,到现场去处理事故。

化学危险品事故现场急救,要防止烧伤和中毒程度的加深,同时又要使患者维持呼吸、循环功能,这是两条最为重要的现场救治原则。

### 5.4.3.1 对化学性皮肤烧伤

对化学性皮肤烧伤,应立即移离现场,迅速脱去受污染的衣裤、鞋袜等,并用大量流动的清水冲洗创面20～30分钟(强烈的化学品要更长),以稀释有毒物质,防止继续损伤和通过伤口吸收。新鲜创面上不要随意涂上油膏或红药水、紫药水,不要用脏布包裹;黄磷烧伤时应用大量清水冲洗、浸泡或用多层干净的湿布覆盖创面。

### 5.4.3.2 对化学性眼烧伤

对化学性眼烧伤,要在现场迅速用清水进行冲洗。应使用流动的清水,冲洗时将眼皮掰开,把裹在眼皮内的化学品彻底冲洗干净。现场若无冲洗设备,可将头埋入清洁盆水中,掰开眼皮,让眼球来回转动进行洗涤。若电石、生石灰颗粒溅入眼内,应当先用蘸石蜡油或植物油的棉签去除颗粒后,再用清水冲洗。

### 5.4.3.3 化学危险品急性中毒

化学危险品急性中毒,若为沾染皮肤中毒,应迅速脱去受污染的衣物,用大量流动的清水冲洗至少15分钟。头面部受污染时,要首先注意冲洗眼睛。若为吸入中毒,应迅速脱离中毒现场,向上风方向移至空气新鲜处,同时解开患者的衣领,放松裤带,使其保持呼吸道畅通,并要注意保暖,防止受凉。若为口服中毒,中毒物为非腐蚀性物质时,可用催吐方法使其将毒物吐出。误服强碱、强酸等腐蚀性强的物品时,催吐反使食道、咽喉再次受到严重损伤,可服牛奶、蛋清、豆浆、淀粉糊等,此时不能洗胃,也不能服碳酸氢钠,以防胃胀气引起穿孔。现场如发现中毒者发生心跳、呼吸骤停,应立即实施人工呼吸和体外心脏按压术,使其维持呼吸、循环功能。

**特别提醒：**

在现场进行简单的急救后，一般应及时将患者送往医院。护送者应向医院提供烧伤或中毒的原因、化学品的名称，如化学物不明，则要带该物料或呕吐物的样品，以供医院检测。现场参与救护者应重视自身防护，如时间不长，对有水溶性毒物（氯、氨、硫化氢等），可用浸湿的毛巾捂住口鼻进行简单防护，有条件的可佩戴防毒面具等防护器具。在抢救病人的同时，应设法阻漏，防止毒害蔓延扩大。

急救人员在现场进行简单的急救后，一般应及时将患者送往医院。另外，在抢救病人的同时，应设法阻漏，防止毒害蔓延扩大。

# 第6章 高温作业安全常识

班组长安全管理培训手册

引言

盛夏高温季节,车间现场环境温度高,工作条件相对恶劣,工作人员劳动强度大,易出现过度疲劳、中暑现象,是事故多发时期。为确保高温季节安全作业,企业应结合高温季节车间出现的不安全情况,采取适当的应对措施。

# 6.1 高温作业概述

工作地点具有生产性热源,本地区夏季室外通风计算温度时,工作地点气温高于室外温度2℃或2℃以上的作业,称为高温作业。

根据卫生标准的夏季通风室外计算温度为32℃,当室外气温达到32℃时,作业环境的气温达到35℃时即为高温作业。一般将热源散热量大于23W/m³的车间称为热车间或高温车间。

## 6.1.1 高温作业类型及其特点

高温作业类型及其特点见表6-1。

表6-1 高温作业类型及其特点

| 序号 | 作业类型 | 气象特点 |
| --- | --- | --- |
| 1 | 干热型 | 高气温、强热辐射、相对湿度较低 |
| 2 | 湿热型 | 高温、高湿作业,热辐射强度不大,低气流 |
| 3 | 夏季露天作业 | 受太阳辐射,被加热地面和周围物体的热辐射作用(高温、热辐射),持续时间长 |

### 6.1.1.1 干热型——高温、强热辐射作业

如冶金工业的炼焦、炼铁、轧钢等车间;机械制造工业的铸造、锻造、热处理等车间;陶瓷、玻璃、搪瓷、砖瓦等工业的炉窑车间;火力发电厂和轮船的锅炉间等。这些生产场所的气象特点是气温高、热辐射强度大,而相对湿度较低,形成干热环境。

### 6.1.1.2 湿热型——高温、高湿作业

其特点是高气温、高气湿,而热辐射强度不大。主要是由于生产过程中产生大量水蒸气或生产上要求车间内保持较高的相对湿度所致。比如印染、缫丝、造纸等工业中液体加热或蒸煮时,车间气温可达35℃以上,相对湿度常达90%以上。潮湿的深矿井内气温可达30℃以上,相对湿度达95%以上,如通风不良就形成高温、高湿和低气流的不良气象条件,亦即湿热环境。

### 6.1.1.3 夏季露天作业

夏季的农田劳动、建筑、搬运等露天作业,除受太阳的辐射作用外,还受被

加热的地面和周围物体放出的热辐射作用。露天作业中的热辐射强度虽较高温车间为低，但其作用的持续时间较长，加之中午前后气温升高，又形成高温、热辐射的作业环境。

## 6.1.2 高温对人体健康的影响

高温对人体健康的影响是多方面的，具体如图6-1所示。

**人体的热平衡**：人体保持着恒定的体温（37℃），对于维持正常的代谢和生理功能都十分重要，但在高温、强辐射和高气湿环境中作业时，劳动者自身的散热只能靠蒸发来完成，甚至受到阻碍，严重影响身体的热平衡

**水盐代谢**：在炎热季节，正常人每天出汗量为1升，而在高温下从事体力劳动，排汗量大大增加，每天平均达3～8升，当水分丧失达到体重的5%～8%，而未能及时得到补充时，可能出现无力、口渴、尿少、脉搏增快、体温升高、水盐平衡失调等症状，使工作效率降低

**消化系统**：在高温条件下劳动易引起消化道贫血，可能出现消化液分泌减少，使胃肠消化机能减退，导致食欲减退、消化不良以及其他胃肠疾病

**循环系统**：在高温条件下，由于大量出汗，血液浓缩，同时高温使血管扩张，末梢血液循环的增加，加上劳动的需要，肌肉的血流量也增加，这些因素都可使心跳过速，而每搏心输出量减少，加重心脏负担，血压也有所改变

**神经系统**：在高温和热辐射作用下，大脑皮层调节中枢的兴奋性增加，导致肌肉工作能力及动作的准确性、协调性、反应速度及注意力均降低，易发生工伤事故

**其他**：此外，高温会加重肾脏负担，并降低机体对化学物质毒性作用的耐受度，使毒物对机体的毒作用更明显；高温还会使机体的免疫力降低，抗体形成受到抑制，抗病能力下降

图6-1 高温对人体健康的影响

班组长一定要认识到高温作业的类型及高温对人体健康的影响,从而在安排作业的时候将温度因素考虑进去,尽量不在高温时段安排工作。

## 6.2 防暑降温措施

防暑降温措施就是为了防止员工在高温状态下作业中暑而采取的一些降低温度、预防中暑的措施。

### 6.2.1 改善工作条件并配备防护设施、设备

主要是合理设计工艺过程,改进生产设备和操作方法。

#### 6.2.1.1 采取隔热措施

(1)水隔热。常用的方法有水箱或循环水炉门、瀑布水幕等。
(2)使用隔热材料。常用的材料有石棉、炉渣、草灰、泡沫砖等。在缺乏水源的工厂及中小型企业,以采取此方法为最佳。

#### 6.2.1.2 通风降温措施

(1)采用自然通风。如天窗、开敞式厂房,还可以在屋顶上装风帽。
(2)机械式通风。如风扇、岗位送风。如图6-2所示。
(3)安装空调设备。如图6-3所示。

夏天配备风扇可以给车间降温

图6-2 配备风扇降温

图6-3 安装空调设备降温

## 6.2.2 加强个人防护

个人防护用品,应采用结实、耐热、透气性好的织物制作工作服,并根据不同作业的需求,供给工作帽、防护眼镜、面罩等。如高炉作业工种,须佩戴隔热面罩和穿着隔热、通风性能良好的防热服。

## 6.2.3 制定合理的劳动休息制度

根据生产特点和具体条件,在保证工作质量的同时,可适当增加休息和减轻劳动强度,减少高温时段作业。如实行小换班、增加工间休息次数、尽量避开高温时段进行室外高温作业等。

## 6.2.4 加强卫生保健和健康监护

### 6.2.4.1 了解员工的健康状况

作业人员对自己的健康状况要做到心中有数,如有高温禁忌证要及时报告和反映。班组长对自己本班组人员的健康状况要做到心中有数,对有高温禁忌证的员工不要安排其从事高温作业。凡有心血管疾病、中枢神经系统疾病、消化系统疾病等高温禁忌证者,一般不宜从事高温作业,应给予适当的防治处理。

#### 6.2.4.2 供给防暑降温清凉饮料、降温品和补充营养

要选用盐汽水、绿豆汤、豆浆、酸梅汤等作为高温饮料，饮水方式以少量多次为宜，同时要注意不要等到口渴时再饮水。可准备毛巾、风油精、藿香正气水以及仁丹等防暑降温用品。此外，要制定合理的膳食制度，膳食中要补充蛋白质和热量，及维生素A、$B_1$、$B_2$、C和钙。如图6-4所示。

某企业露天工作场所在高温天气时段专门提供绿豆汤

图6-4 供给降温清凉饮品

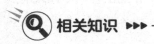

**防治中暑药箱必备**

为了安全度夏，高温作业场所应准备一些防暑药物，常用应急药物如下。

（1）仁丹：能清暑祛湿，主治中暑受热引起的头昏脑涨、胸中郁闷、腹痛腹泻，也可用于晕车晕船、水土不服。

（2）十滴水：能清暑散寒，适于中暑所致的头昏、恶心呕吐、胸闷腹泻等症。

（3）藿香正气水：能清暑解表，适于暑天因受寒所致的头昏、腹痛、呕吐、腹泻突出者。

（4）清凉油：能清暑解毒，可治疗暑热引起的头昏头痛，或因贪凉引起的腹泻。

（5）无极丹：能清热祛暑、镇静止吐。

（6）避瘟散：为防暑解热良药，能祛暑化浊、芳香开窍、止痛。

（7）金银花：具有祛暑清热、解毒止痢等功效，可开水泡代茶饮。

(8)菊花：具有消暑、平肝、利尿等功效，有高血压患者尤宜，以开水泡代茶饮。

(9)荷叶：适宜中暑所致的心烦胸闷、头昏头痛者，有高血压患者尤宜，以开水泡代茶饮。

# 6.3 中暑的急救

当作业场所气温超过34℃时，即可能有中暑病例发生。职业性中暑是高温作业环境下，由于热平衡和（或）水盐代谢紊乱而引起的以中枢神经系统和（或）心血管障碍为主要表现的急性疾病。

## 6.3.1 中暑的表现

职业性中暑可分为中暑先兆、轻度中暑和重度中暑，具体如图6-5所示。

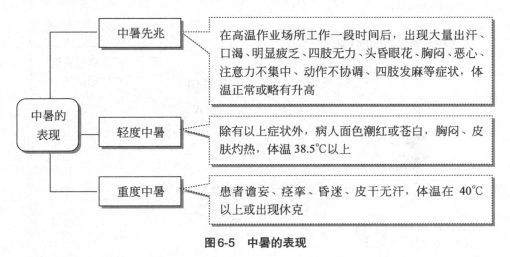

图6-5 中暑的表现

## 6.3.2 中暑的现场急救措施

### 6.3.2.1 搬移

迅速将患者抬到通风、阴凉、干爽的地方，使其平卧并解开衣扣，松开或脱去衣服，如衣服被汗水湿透应更换衣服。

#### 6.3.2.2 降温

患者头部可捂上冷毛巾,可用50%酒精、白酒、冰水或冷水进行全身擦浴,然后用扇子或电扇吹风,加速散热。有条件的也可用降温毯给予降温。但不要快速降低患者体温,当体温降至38℃以下时,要停止一切冷敷等强降温措施。

#### 6.3.2.3 补水

患者仍有意识时,可给一些清凉饮料,在补充水分时,可加入少量盐或小苏打水,但千万不可急于补充大量水分,否则,会引起呕吐、腹痛、恶心等症状。

#### 6.3.2.4 促醒

病人若已失去知觉,可指掐人中、合谷等穴,使其苏醒。若呼吸停止,应立即实施人工呼吸。

#### 6.3.2.5 转送

对于重症中暑病人,必须立即送医院诊治。搬运病人时,应用担架运送,不可使患者步行,同时运送途中要注意,尽可能地用冰袋敷于病人额头、枕后、胸口、肘窝及大腿根部,积极进行物理降温,以保护大脑、心肺等重要脏器。

具体如图6-6所示。

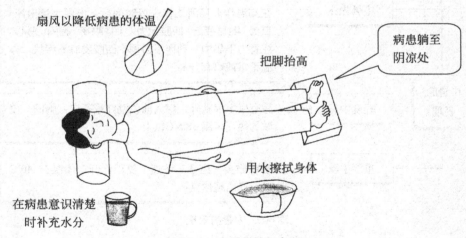

图6-6 中暑急救示意图

### 6.3.3 中暑应急救援流程图

如图6-7所示是中暑应急救援流程,作为班组长,在平时就要组织员工进行这方面的练习,一旦有中暑情况发生时,就可以从容不迫地来处理。

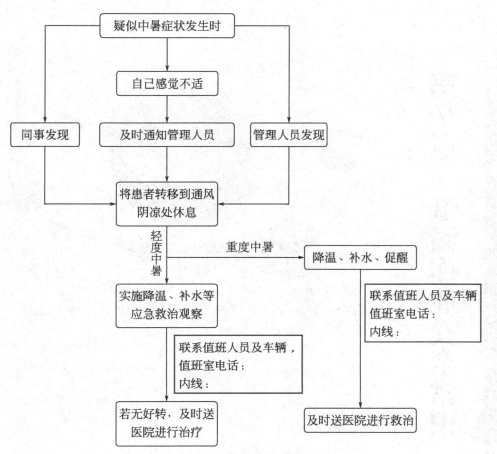

图6-7 中暑应急救援流程图

# 第7章 低温作业安全常识

班组长安全管理培训手册

**引言** 低温作业是指在寒冷季节从事室外及室内无采暖的作业，或在冷藏设备的低温条件下以及在极区的作业。在低温环境中，由于机体散热加快，可引起身体各系统一系列生理变化，重者可造成局部性或全身性损伤，如冻伤或冻僵，甚至引起死亡。一些新进员工往往对低温作业的危害不以为然，班组长有必要对这类员工进行教育，使之服从工厂对防护服穿戴方面的要求。

# 7.1 低温作业概述

低温作业在我国许多产业领域中均有涉及。根据我国国家标准GB/T 14440—1993《低温作业分级》的规定,低温作业是指在生产劳动过程中,其工作地点平均气温等于或低于5℃的作业。

## 7.1.1 哪些作业属于低温作业

低温作业有高山高原作业、潜水员水下作业、现代化工厂的低温车间以及寒冷气候下的野外作业等。

## 7.1.2 低温对人体的危害

在低温环境中,由于机体散热加快,可引起身体各系统一系列生理变化,重者可造成局部性或全身性损伤,如冻伤或冻僵,甚至引起死亡。

我国东北华北及西北部分地区属于寒区,在这些地区遇到严寒强风潮湿气象条件,从事露天作业以及工艺上要求低温环境作业时,尤其是当作业人员衣服潮湿时极易发生冷伤。

低温作业人员的作业能力,会随温度的下降而明显下降。如手皮肤温度降到15.5℃时,操作功能开始受影响,降到10～12℃时触觉明显减弱,降到8℃时,即使是粗糙作业(涉及触觉敏感性的)也会感到困难,降到4～5℃时几乎完全失去触觉和知觉。即使未导致体温过低,冷暴露对脑功能也有一定影响,使注意力不集中、反应时间延长、作业失误率增多,甚至产生幻觉,对心血管系统、呼吸系统也有一定影响。

低温对人体的危害表现为寒冷对机体的有害作用,统称为冷伤。冷伤可分为全身性冷伤和局部性冷伤两类。一是引起局部冻伤,与人在低温环境中暴露时间长短有关;一是产生全身性影响,人体在低温环境暴露时间不长时,能依靠温度调节系统,使人体深部温度保持稳定,但暴露时间较长时,中心体温逐渐降低,就会出现一系列的低温症状,如出现呼吸和心率加快、颤抖等,继而出现头痛等不适反应,当中心体温降到30～33℃时,肌肉由颤抖变为僵直,失去产热的作用。长期在低温高湿条件下劳动,易引起肌痛、肌炎、神经痛、神经炎、腰痛和风湿性疾患等。

低温对人体的影响较为复杂,涉及低温的强弱程度、作用时间以及方式。比如突然进入低温环境或机体受到暴寒的作业人员,同长时间在低温环境中并逐渐适应的作业人员，其应激程度不同。此外，机体本身的生理状况、作业的性质与条件，以及对低温的耐受能力等也有较大差异。长期从事低温作业可对人的心血管系统、免疫系统、中枢神经系统以及骨关节产生危害，引起一些职业相关性疾病。

低温环境会引起冻伤、体温降低，甚至造成死亡。在极冷的低温下，很短时间内便会对身体组织产生冻痛、冻伤和冻僵。冷金属与皮肤接触时还会产生粘皮伤害，这种情况一般发生在零下10℃以下的低温环境中。

温度虽未低到足以引起冻痛和冻伤的程度，但由于全身性的长时间低温暴露，使人体热损失过多，深部体温下降到生理可耐限度以下，从而产生低温的不舒适症状，出现呼吸急促、心率加快、头痛、瞌睡、身体麻木等生理反应，还会出现感觉迟钝、动作反应不灵敏、注意力不集中、不稳定，以及否定的情绪体验等心理反应。

当潜水人员在水下作业时，由于水的热容量和导热系数均较空气大得多，所以低温症状和伤害也就出现得更早。

冷藏作业属于低温作业的一种。冷库作业人员若长时间在低温环境下劳动，其危害与上述低温作业对人体的危害表现相同。此外，在夏季，由于库内外温差大，进出库若不注意及时更衣，极易患感冒。还有如因冷库安全管理不善，可能造成作业工人被困在库中冻伤、冻死的严重事故。

冷藏作业除了上述职业危害问题外，还应注意制冷剂泄漏与臭氧的危害。如采用氨作制冷剂，一旦蒸发器跑氨，后果是较为严重的。氨是具有强烈刺激性臭味的有毒气体，它不仅能刺激呼吸道黏膜，还会造成作业人员中毒。臭氧具有极强的氧化性，可与多种金属和有机物作用，因此，绝大部分冷库均采用臭氧消毒除臭，但臭氧又是一种有害物质，作业工人在使用中如接触一定浓度的臭氧时间较长，会对人体造成危害，轻者会引起咳嗽、咽炎、呼吸困难等症状，在高浓度的环境中，可引起脉跳加速、疲倦、头疼，甚至可发生肺气肿乃至死亡。

# 7.2 低温作业的劳动保护

低温作业的劳动保护就是采取一些措施来确保劳动者在低温状态下工作不受到身体的伤害。

## 7.2.1 管理措施

（1）低温作业、冷水作业应尽可能实现自动化、机械化，避免或减少人员低温作业和冷水作业。

（2）要控制低温作业、冷水作业时间。

（3）在冬季寒冷作业场所，要有防寒采暖设备，露天作业要设防风棚、取暖棚；应选用导热系数小、吸湿性小、透气性好的材料作防寒服装。

（4）工作时，作业人员必须穿好防寒服、鞋、帽、手套等保暖用品；防寒衣物要避免潮湿，手脚不能缚得太紧，以免影响局部血液循环。

（5）冷库附近要设置更衣室、休息室，保证作业人员有足够的休息次数和休息时间，有条件的最好让作业后的员工洗个热水浴。

（6）应加强制冷设备的检查检修，严禁"跑、冒、滴、漏"。若发现氨气泄漏应及时采取措施抢修，防止泄漏事故扩大。要保证制冷车间通风设备的良好，万一氨气大量泄漏时应能及时排出屋外，避免中毒事故的发生。制冷车间内必须配备适用的防毒面具或氧气呼吸器。对于使用氟利昂-12的冷冻机，应配备必要的检测仪器，如卤素灯等。采用臭氧消毒除臭时，应时刻检测库内的臭氧浓度，臭氧安全浓度卫生标准为低于 $0.2mg/m^3$。

## 7.2.2　定期进行健康监护

（1）要定期对作业员工进行体格检查，做好健康监护工作。凡是年龄在50岁以上，且患有高血压、心脏病、胃肠功能障碍等疾病的职业禁忌人员，应及时调离低温、冷藏作业岗位。

（2）要重视女工的特殊保护，严禁安排"四期"内的女员工从事冷藏作业。

## 7.2.3　日常生活中多锻炼

低温、冷藏作业人员在日常生活中，要注意增强对寒冷或低温的适应能力。耐寒锻炼的方法有：冷水洗脸、洗手、洗足，也可采取冷空气刺激的方法进行锻炼。但这类耐寒锻炼，也要因人而异，如要考虑体质强弱、年龄等；因季节、气温变化而异；方法上还应注意循序渐进。

## 7.2.4　饮食方面调理

工人在低温、冷藏作业时，由于受低温环境的影响，其机体、营养代谢会发生改变，因此，作业人员应特别注意饮食，少吃冷食，以免冷食对胃肠道产生不良刺激，影响消化。应增加体内代谢放热，食用高热量的食物以增加耐寒能力；热食应以富含蛋白质的食物为主，如瘦肉类、蛋类、鱼类、大豆和豆制品等，并应多吃一些富含维生素C的蔬菜等。

## 7.2.5 温度调节

### 7.2.5.1 室内低温作业

一般室内低温作业的防护措施,主要包括对低温环境的人工调节和对个人的防护。如通过人工调节,采用暖气、隔冷和炉火等办法,调节室内气温使之保持在人体可耐的范围内。

### 7.2.5.2 室外低温作业

室外低温作业的个人防护,一般是穿用合适的防寒服装。衣服的防寒效果,不仅受其材料的影响,还与衣服的厚度和形状有很大关系。采用衣服内通热气或热水的办法,可以大大地提高抗寒能力。它的缺点是不能离开供应暖气或暖水的设备太远,克服这一缺点,可采用电池加热的衣服和手套,既轻便又灵活,一般适用于高空和水下的低温作业。

# 第8章 密闭空间作业安全常识

班组长安全管理培训手册

**引言**

　　密闭空间是指密封式或半密封的地方，它的设计并非实际人员工作的场地。密闭空间可能潜藏着危害因素，或者因为工作的影响，产生了新的危害因素。在这些环境工作，将会是危机四伏，尤其是气体中毒，一不小心便会引致意外，往往会造成一连串安全事故的发生。

## 8.1 密闭空间概述

密闭空间是指与外界相对隔离，进出口受限，自然通风不良，足够容纳一人进入并从事非常规、非连续作业的有限空间。

### 8.1.1 密闭空间的三个条件

密闭空间一般应具备的三个条件，如图8-1所示。

| 条件1 | 空间足够大但又有限 |
| --- | --- |
| 条件2 | 进出口受限制，出入口或入孔仅能够容纳一人进出，通风不良，但能进行指派的工作 |
| 条件3 | 非常规、非连续作业场所，常见密闭空间的作业如炉、塔、釜、储罐、槽车以及管道、烟道、隧道、下水道、沟、地下坑、下水井、池、涵洞、船舱、地下仓库、储藏室、地窖、谷仓等 |

图8-1 密闭空间的三个条件

密闭空间不是让员工长期工作的地方，但有时需要进去完成某类工作（如检测、清洁、维护及修理），由于进出口狭窄，会令出入密闭空间加倍困难，增加了应急救援的难度。如图8-2至图8-4所示。

须在罐内进行清洗、检查、维修等作业

图8-2 罐内作业示意图

图8-3 烟道作业示意图

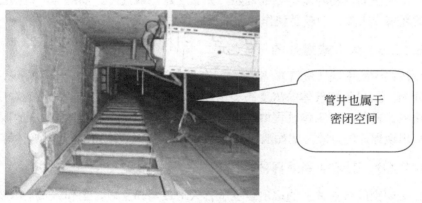

图8-4 管井属密闭空间

## 8.1.2 密闭空间的危害因素

常见的密闭空间作业存在的危害因素一般与密闭空间存在危险性的有毒或易燃有害物质、工作环境氧气不足、空气污染等有关,此外还可能由操作工序、储存物品或工作活动引起。

### 8.1.2.1 有危险性的气体、蒸气、尘埃或者烟气存在

比如清理污水沙井,在搅拌底部的淤泥或者清理化粪池底部,都会出现大量硫化氢剧毒气体;其次在进行电焊维修密闭容器时,工作设备产生的一氧化碳等有毒气体;又或者如沉箱在挖掘过程中可能产生硅尘引至硅肺病等。

#### 8.1.2.2 具有氧气不足的情况

正常情况下，空气中安全氧气浓度为19.5%～23.5%，当空气中的氧气含量低于18%（体积计）会产生危险。氧气不足的情况一般可能是密闭空间内发生慢性氧化反应（如密闭空间内的铁钢物料遭氧化和污水渠内的有机或无机物产生化学作用等）、燃烧消耗大量氧气（如进行风煤焊接引致）；氧气被其他气体（如甲烷）取代（如地下污水渠积聚大量的甲烷气体），或者氧气被物料、化学品或泥土吸收。

#### 8.1.2.3 流动的固体或者液体涌入

比如在下水道作业或者化粪池清理时，由于事前对阀门没有关闭或者关闭后又被人为打开，从而造成在密闭空间作业的人员被有害物质淹没等危害。

#### 8.1.2.4 工人因为体温上升而失去知觉的可能性

在密闭空间内的环境会导致危险，如温度过热或过冷、潮湿等。地面酷热及潮湿的环境中工作，会较易使作业员中暑而体力不支。

#### 8.1.2.5 火灾或爆炸的可能性

如沙井中的甲烷（沼气）。密闭空间有易燃气体可引起爆炸，一般来说，在密闭空间内，如果易燃气体的浓度高于可爆炸下限的10%，则属于危险的浓度，不适宜进入。此外，在工作过程中产生热力或持续高温的密闭空间内，高闪点的液体亦会出现爆炸的危险，比如泄漏风煤焊接用的乙炔气体、使用易燃液体等。

#### 8.1.2.6 密闭空间外界的危害

如密闭空间（沙井）的进出点位于行人道或马路上时，工作人员会有被车轮撞倒的可能，一般要求在沙井等作业场所附近设置适当的防护围栏。

#### 8.1.2.7 噪声危害

密闭空间内的环境会令使用的设备较容易产生过量噪声，使员工听觉受损，这种情况下应该给员工配发防噪声耳罩或者耳塞，同时要严格控制工作时间。

密闭空间作业的危害因素，大多由呼吸道、人体皮肤等侵入人体，所以在进行密闭空间作业时，一定要先做好危险评估，佩戴合适的个人防护用品以及救援装备等。

### 8.1.3 密闭空间作业的主要危险

进入密闭空间可能是非常危险的。除非员工受过正规训练，并有合适的防护用品，否则不应进入该种地方。在许可的密闭空间作业时存在以下一些危险。

（1）由于喂料或出料系统突然启动，或物料间形成的"桥"突然坍塌导致被物料掩埋。

（2）被从仓内掉下的物料埋住。

（3）火灾或爆炸。

（4）窒息。

（5）物料的化学灼伤。

（6）电气伤害，特别是在铁制容器内。

（7）照明不足。

（8）粉尘吸入。

（9）高处坠落。

班组长要了解本班组有哪些密闭空间作业，并知道其危险性。

## 8.2 密闭空间作业前的工作

密闭空间作业前的工作是指在进入密闭空间开展作业前的一系列准备工作，包括隔离密闭空间、通风及空气置换、进行气体采样检测、PPE及应急救援设备的配备、申请进入密闭空间作业许可证等一系列工作。

### 8.2.1 隔离密闭空间

作业空间中所有与外界连通的管道、孔洞均应与外界有效隔离，有效切断与外界连接的电源。

（1）采取有效措施防止有害气体、尘埃或泥沙、水等其他自由流动的液体和固体涌入密闭空间；管道安全隔绝可采用插入盲板或拆除一段管道进行隔绝，严禁用水封或阀门等代替盲板或拆除管道。

（2）电源有效切断。可采用取下电源保险熔丝或将电源开关拉下后上锁等措施，并悬挂警示牌，必要时可安排人员监护。

（3）将密闭空间与一切不必要的热源隔离。

（4）设置必要的隔离区域或屏障。如在电路周围张贴警示标识、可旋转的眼睛隔板等。如图8-5、图8-6所示。

图8-5 密闭空间安全提醒的标语

图8-6 密闭空间安全警示标志

## 8.2.2 通风及空气置换

进入密闭空间作业前,应采取净化、通风等措施,对密闭空间充分清洗,主要方法如水蒸气清洁、惰性气体清洗和强制通风等,以消除或者控制所有存于密闭空间内的职业病有害因素。如图8-7所示。

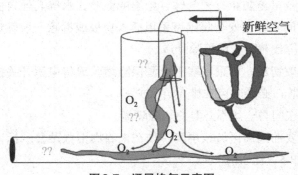

图8-7 通风换气示意图

#### 8.2.2.1 水蒸气清洁

（1）适于密闭空间内水蒸气挥发性物质的清洁。

（2）清洁时，应保证有足够的时间彻底清除密闭空间内的有害物质。

（3）清洁期间，为防止密闭空间内产生危险气压，应给水蒸气和凝结物提供足够的排放口。

（4）清洁后，应进行充分通风，防止密闭空间因散热和凝结而导致任何"真空"。在作业者进入高温密闭空间前，应将该空间冷却至室温。

（5）清洗完毕，应将密闭空间内所有剩余液体适当排出或抽走，及时开启进出口以便通风。

（6）水蒸气清洁过的密闭空间长时间搁置后，应再次进行水蒸气清洁。

（7）对腐蚀性物质或不易挥发物质，在使用水蒸气清洁之前，应用水或其他适合的溶剂或中和剂反复冲洗，进行预处理。

#### 8.2.2.2 惰性气体清洗

（1）为防止密闭空间含有易燃气体或蒸发液在开启时形成有爆炸性的混合物，可用惰性气体（如氮气或二氧化碳）清洗。

（2）用惰性气体清洗密闭空间后，在作业者进入或接近前，应当再用新鲜空气通风，并持续测试密闭空间的氧气含量，以保证密闭空间内有足够维持生命的氧气。

#### 8.2.2.3 通风

（1）为保证足够的新鲜空气供给，应持续强制性通风。

——进风要求：新鲜空气，未遭有毒物质、可燃物质的污染，但要注意地面连接处要控制静电。

——通风策略：模式有送风模式、排风模式，但推荐同时送排风模式。

——取代通风：进入前移走有毒气体并至少10次气体交换。

——稀释通风：进入时稀释有毒气体。

（2）通风时应考虑足够的通风量。通风量：4倍体积/小时，较大的密闭空间需要更大的通风量，保证能稀释作业过程中释放出来的危害物质，并满足呼吸供应。

（3）强制通风时，应把通风管道伸延至密闭空间底部，有效去除重于空气的有害气体或蒸气，保持空气流通。

（4）一般情况下，禁止直接向密闭空间输送氧气，防止空气中氧气浓度过高导致危险。

### 8.2.3　进行气体采样检测

必须在作业前30分钟内，对密闭空间气体采样分析。分析的样品应保留至作业结束。如采样分析后，30分钟内未能进入密闭空间作业，需对其重新采样分析。检测顺序及项目如图8-8所示。

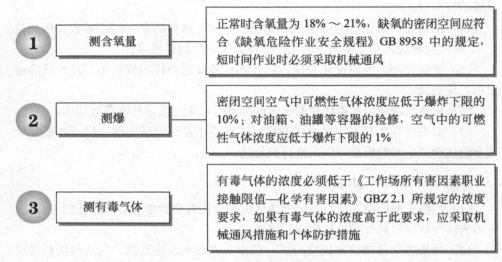

图8-8　检测顺序及项目

### 8.2.4　PPE及应急救援设备的配备

（1）必须配备符合要求的个人防护用品、检测设备、照明设备、通信设备、应急救援设备。

（2）当密闭空间内存在可燃性气体或粉尘时，所使用的器具应达到防爆的要求。

（3）照明设备的电压应低于36V。

（4）当有害物质浓度大于IDLH浓度，或虽经通风但有毒气体浓度仍高于《工作场所有害因素职业接触限值—化学有害因素》GBZ 2.1所规定的要求，或缺氧时，应当按照《呼吸防护用品的选择、使用与维护》GB/T 18664的要求选择和佩戴呼吸性防护用品。

### 8.2.5　申请进入密闭空间作业许可证

（1）进入密闭空间作业前，作业人员必须认真做好作业的危险性分析，并填写作业危险性分析表,申请办理"密闭空间进入许可证"(见表8-1、表8-2)。

(2)"密闭空间进入许可证"须经过部门负责人和公司安全部门签字方有效。

(3)"密闭空间进入许可证"必须标明工作过程中所有的危险以及即将采取的预防措施。

(4)进入密闭空间作业的负责人,必须严格按照上述的要求,挑选合适的工作人员。

(5)进入密闭空间作业的人员必须经过"密闭空间进入程序"的安全培训,受训人员必须签字确认已掌握相关的安全要求。

表8-1 密闭空间进入许可证

许可证编号: 申请日期: 年 月 日

| 申请部门: | 申请人: |
|---|---|
| 作业空间: | 监护人: |
| 准入作业时间:<br>_____年___月___日___时___分始<br>至_____年___月___日___时___分止 | |
| 作业目的: | |
| 可能存在的危险因素(可另附页): | |
| 准入人员名单: | |
| 空气采样分析 | |
| 空气检测时间: | 含氧量/%: |
| 爆炸气体浓度/%: | 爆炸下限/%: |
| 有毒气体名称 | 有毒气体浓度/(mg/m³) |
| | |
| | |
| | |
| 检测人员签字: | |
| 采取的安全措施: | |

续表

| 定期检测 | | | |
|---|---|---|---|
| 检测时间 | 含氧量/% | 检测时间 | 爆炸气体浓度/% |
|  |  |  |  |
|  |  |  |  |
|  |  |  |  |
| 检测时间 | 有毒气体名称 | | 有毒气体浓度/（mg/m³） |
|  |  | |  |
|  |  | |  |

| 许可审批会签 |
|---|
| 申请部门主管审核： |
| 环安员审核： |
| 管理部主管审核： |
| 单位最高主管审核： |

救护车电话：120
火警电话：119
中毒控制中心咨询电话：（请各单位按实际情况填写）

表8-2 密闭空间作业许可证

| ××××有限公司 | 密闭空间作业许可证 | | 许可证编号 | |
|---|---|---|---|---|
| 作业单位 | 施工许可证编号或工程项目号 | 许可证有效期 | | |
| | | 从（y-m-d） | 到（y-m-d） | 时间 |
|  |  |  |  |  |
| 工作项目名称 | | 地点 | | |
| 进入密闭空间人员名单 | | | | |
|  |  |  |  |  |
| 风险评估内容概述（可另附页） | | 作业内容描述 | | |
|  |  |  |  |  |

续表

| 各相关部门准备或者协调工作确认 | 采样分析结果 | | | |
|---|---|---|---|---|
| | | | 需实施 | 已实施 |
| | ——防爆气体测试 | | □ | □ |
| | ——氧气含量测试 | | □ | □ |
| | ——有毒气体含量 | | □ | □ |
| | 气体名 | | 含量 | |
| 签字： | 气体名 | | 含量 | |
| 安全技术防护措施 | 许可证取消确认内容 | | | |
| 签字： | 签字： | | | |
| 许可证审批栏 | | 许可证取消确认栏 | | |
| 各部门或人员 | 签字 | 时间 | 各部门或人员 | 签字 | 时间 |
| 作业部门 | | | 作业部门 | | |
| 现场监护人 | | | 监护人 | | |
| 现场安全员 | | | 现场安全员 | | |
| 安全部门 | | | 安全部门 | | |
| 厂部批准 | | | 厂部批准 | | |
| 备注：第一联，现场安全人；第二联，工程作业负责人；第三联，协调部门主管；第四联，现场张贴或者监护人 | | | | | |

# 8.3 作业中的安全防范

作业中的安全防范是指密闭空间作业过程中所采取的一系列预防事故的措施，以确保作业人员的人身安全。

## 8.3.1 作业人员安全防范

### 8.3.1.1 首次进入

（1）对准入空间进行全面检查，确认能量或物料隔离锁定措施的有效性。
（2）确认进入路线，做好进入前的准备。如图8-9所示。

图8-9 进入前装备要准备好且外面有人监护

(3) 在准入空间内必要处安装脚手架等设备。
(4) 确认没有物料堆积在高于最低作业位置。

#### 8.3.1.2 正式进入作业

(1) 如有必要,应使用紧急逃生装置及防坠落装备和呼吸保护装置。如图8-10、图8-11所示。

图8-10 紧急逃生装置

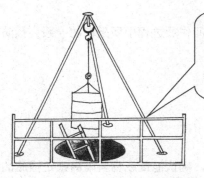

图8-11 防坠落装备

（2）确保持续检测内部空气状况。

（3）遵守最长持续作业时间限制，一般不超过8小时，时限内未完成作业，必须按许可时限离开作业空间。

（4）进入密闭空间作业过程中，严禁抛掷材料、工具等物品。

（5）交叉作业要有防止坠落物伤害的措施。

（6）密闭空间内有可能造成触电的机器必须按照书面操作规程及步骤上好锁。

（7）作业中要定时监测，一般每隔2小时监测一次，发现情况异常立即停止作业，并撤离人员，同时原作业许可证作废，待作业空间经处理、取样分析合格后，重新开具作业许可证，方可继续作业。

（8）要与监护人进行沟通。自己要注意观察，随时向监护人报告在里面工作的情况，发现与监护人无法联系，应当立即出来。

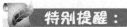

发生下列事项时作业者应及时向监护者报警或撤离密闭空间。
（1）已经意识到身体出现危险症状和体征。
（2）监护人和作业负责人下达了撤离命令。
（3）探测到必须撤离的情况或报警器发出撤离警报。

#### 8.3.1.3　作业结束

作业人员离开密闭作业空间时，应将作业工具带出密闭空间，严禁遗漏。

## 8.3.2　监护者的责任

密闭空间作业时，外面至少要有一人以上监视工作情况。监护人员的职责如下。

（1）准确掌握作业者的数量和身份。

（2）在作业者作业期间保证在密闭空间外持续监护。

（3）监护人应每5分钟以通信设备或其他方式与准入人进行联系，并做好记录。

（4）在紧急情况时向作业者发出撤离警报。

（5）监护人在履行监测和保护职责时，不能受到其他职责的干扰。

（6）对未经许可靠近或者试图进入密闭空间者予以警告并劝离，如果未经许可者进入密闭空间，应及时通知作业者和作业负责人。

> **特别提醒：**
>
> 发生以下情况时，应命令作业者立即撤离密闭空间，必要时，立即呼叫应急救援服务，并在密闭空间外实施应急救援工作。
> （1）发现禁止作业的条件。
> （2）发现作业者出现异常行为。
> （3）密闭空间外出现威胁作业者安全和健康的险情。
> （4）监护人不能安全有效地履行职责时，也应通知作业者撤离。

### 8.3.3　所有作业结束后的工作

#### 8.3.3.1　两清

（1）清点工具、零件，妥善保管。
（2）清点人数、清理现场，设备遮盖加封。

#### 8.3.3.2　四查

（1）查现场有无遗留火种。
（2）查沟、坑、孔、洞盖板、围栏是否齐全。
（3）查拆开的管道、阀门口封堵是否良好。
（4）查检修用电源是否断开。

密闭空间作业时，外面至少要有一人以上监视工作情况，作业结束后，一定要清点人数。

## 8.4　密闭空间中毒窒息事故急救

密闭空间中毒窒息事故是指员工在密闭空间操作时，由于所处工作环境缺氧和存在有毒气体，且作业人员没有采取有效、可靠的防范、试验措施进行工作时，会造成作业人员昏倒、休克，甚至人身死亡。密闭空间中毒窒息事故通常是缺氧窒息和中毒窒息。

### 8.4.1　事前可能出现的征兆

（1）作业人员工作期间，感觉精神状态不好，如眼睛灼热、流鼻涕、呛咳、胸闷或头晕、头痛、恶心、耳鸣、视力模糊、气短、呼吸急促、四肢软弱乏力、意识模糊、嘴唇变紫、指甲青紫等。

（2）监护人离开工作现场，且没有指定能胜任的人员接替监护任务。

（3）作业人员工作随意，不听负责人和监护人的劝阻。

## 8.4.2 紧急处置措施

（1）密闭空间中毒窒息突发事件发生后，应立即向应急救援指挥部汇报。

（2）将窒息人员脱离危险地点。

（3）对于有毒化学药品中毒地点发生人员窒息的事故，救援人员应携带隔离式呼吸器到达事故现场，正确戴好呼吸器后，进入现场进行施救。

（4）对于密闭空间内由于缺氧导致人员窒息的事故，施救人员应先强制向空间内部通风换气后方可进入进行施救。

（5）对于电缆沟、排污井、排水井等地下沟道内可能产生有毒气体的地点，救援人员在施救前应先进行有毒气体检测（方法通过有毒气体检测仪、小动物试验、矿灯等），确认安全，或者现场有防毒面具则应正确戴好防毒面具后进入进行施救。如图8-12所示。

（6）施救人员做好自身防护措施后，将窒息人员救离受害地点至地面以上或通风良好的地点，然后等待医务人员或在医务人员没有到场的情况下进行紧急救助。

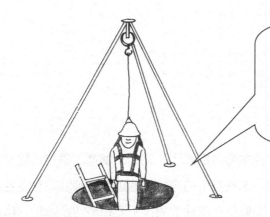

图 8-12 协助者施救原则

# 第9章 高处作业安全常识

班组长安全管理培训手册

**引言** 　　高处作业主要包括临边、洞口、攀登、悬空、交叉五种基本类型,这些类型的高处作业是伤亡事故可能发生的主要地点。高处作业造成的危害主要为高空坠落和物体打击,高处作业严重威胁着施工作业人员的人身安全,为此,企业有必要对高空事故进行预防监控,以便采取相应的措施,减少事故的发生。

# 9.1 高处作业的危险隐患

高处作业是指在坠落高度基准面2米以上（含2米）位置进行的作业。高处作业时如果没有适当的防护措施和设备，容易发生高空坠落，造成人员伤亡。在高处作业中危险隐患主要有以下三个方面，具体见表9-1。

表9-1 高处作业的危险隐患

| 序号 | 隐患类别 | 具体表现 |
| --- | --- | --- |
| 1 | 发生地点 | （1）临边地带<br>（2）作业平台<br>（3）高空吊篮<br>（4）脚手架<br>（5）梯子 |
| 2 | 人的行为 | （1）高处作业人员未佩戴（或不规范佩戴）安全带<br>（2）使用不规范的操作平台<br>（3）使用不可靠立足点<br>（4）冒险或认识不到危险的存在<br>（5）身体或心理状况不健康 |
| 3 | 管理方面 | （1）未及时为作业人员提供合格的个人防护用品<br>（2）监督管理不到位或对危险源视而不见<br>（3）教育培训（包括安全交底）未落实、不深入或教育效果不佳<br>（4）未明示现场危险 |

### 案例1

**竹梯脆断电工摔死**

某厂电气车间电试组员工李某，准备在车间工场间屋顶安装镝灯，为了弄清屋顶板厚度，李某便向车间后勤组借了一把竹梯，一头搭在车间新造房子二楼平台上，另一头搭在对面工场间屋檐上，一个人爬上去，由于竹梯质量低劣而断裂，使李某从7米高处坠落，右肩及后脑着地，经抢救无效，不幸死亡。

事故原因：违章作业，作业时没有采取必要的安全防范措施；安全管理制度不严，对高空作业者没有进行审批；竹梯质量低劣，脆性断裂所致。

### 案例2

**移动脚手架，摔死**

广州某清洗公司与深圳某集团公司签订厂房杠框架清洗油漆业务的合同和安

全协议，清洗公司组织了8名施工人员，由李某作为现场施工负责人兼安全员。11月18日上午，施工人员冯某与周某、徐某三人一组，继续对屋顶框架进行油漆作业。中午11：00左右，甲方通知午餐并发放了午餐票，在移动脚手架上作业的冯某和周某提出做完剩下的活再吃饭，两人没有下来就叫地面上的辅助人员徐某将脚手架再往前移动。徐某松开固定装置，用力移动脚手架，没有注意到上方4米处有两根管道横穿。脚手架在移动中碰到管道受阻倾倒，使在脚手架上的冯、周二人随之坠落在地，送医院抢救，周某肩骨骨折，而冯某因后脑着地伤势严重，经抢救无效死亡。

事故原因：按规定移动脚手架时上面的作业人员必须先下来，但实际操作时，施工人员图方便，人没有下来就移动脚手架，造成事故的主要原因；在移动脚手架时，施工人员未对周围环境仔细观察，忽略了上方两根管道将阻碍正常移动的情况。

 **案例3**

### 手拿东西爬梯，摔死

某公寓建设项目已进入屋顶水箱支模施工作业。民工谢某和赵某二人在一幢楼顶水箱西边4米左右处支模，当时水箱外架已搭至水箱操作层，并用密目网安全围护。下午17：20左右，赵某走向爬梯准备下来，只听见谢某叫喊"糟了，糟了"，赵某急忙赶回水箱处，发现谢某已坠落至屋顶上，急忙抬下，送医院抢救无效死亡。

事故原因：谢某安全意识淡薄，在作业时，没有把安全帽带扣好，而且在下班爬外架时，由于手持工具太多，不慎失足坠落到屋顶，导致事故发生；管理不严密，水箱外架西侧4米处安全防护网有部分被拆开，没有及时发现并纠正。

 **案例4**

### 不戴安全帽，人字梯上摔下死亡

某电脑广场二楼某贸易有限公司进行室内装饰，装饰临时工李某对二楼平顶架板面的一只照明灯座进行移位，使用人字形梯子登高，因操作不慎坠落地面。当时李某起身认为没事，自己走上三楼洗脸后上床休息，中午11：30，大家见他正在入睡，并有呼噜声，就没有叫醒他。但是，到下午3：00再次去观望他时，任大家呼其名，也未见反应，这才拨打120救护中心，送医院抢救，最终抢救无效死亡。

原因：李某本人违章操作，自认为室内高度不高，未采取任何防护措施，就登上梯子作业，不慎从平梯上坠落，造成事故；作业现场未设看护人，认为平顶照明灯移位工作简单，忽视安全生产，也违反了禁止一人爬高作业的安全制度；现场安全检查监督不力，李某登高作业未戴安全帽，没有及时制止，摔下后又未及时去医院诊断救治，造成死亡事故。

班组长平时要多加观察，了解本班组在高处作业方面有哪些安全隐患，并致力于消除这些隐患。

## 9.2 高处坠落防护

高处坠落是指在高处作业中发生坠落造成的伤亡事故。高处坠落的主要类型有：因被蹬踏物质强度不够，突然断裂；高处作业移动位置时，踏空、失稳；高处作业时，由于站位不当或操作失误被移动的物体碰撞坠落等。高处坠落的主要原因是作业人员缺乏高处作业的安全技术知识和防高处坠落的安全设施、设备不健全。

企业应按如图9-1所示的顺序选择最佳的坠落防护措施。

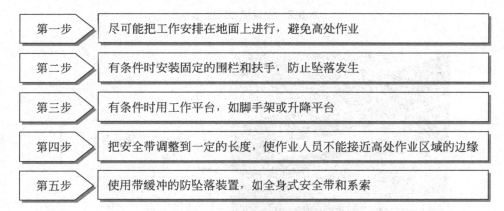

图9-1 选择最佳的坠落防护措施的顺序

如果以上防范措施没有实施，不得进行作业。坠落防护应通过采取消除坠落危害、坠落预防和坠落控制等措施来实现。

### 9.2.1 消除坠落隐患

在设计和工作计划制订过程中要注意以下事项。

（1）必须评估工作场所和作业过程。
（2）针对每个可能导致坠落环节制定措施，消除隐患。
（3）措施要包括对作业人员的身体条件要求。

### 9.2.2 坠落预防

如果在第一步中不能完全消除坠落隐患，则需做好以下工作。
（1）通过改进作业场所的条件来防止坠落。
（2）在作业开始之前，安装楼梯、平台、护栏等保护系统。如图9-2、图9-3所示。
（3）建立能够保证安全的工作环境。

图9-2 安装护栏防坠落

图9-3 在升降平台作业防坠落

## 9.2.3 坠落控制

只有在确认不能完全消除坠落风险时，才使用坠落制止装置。坠落制止装置包括救生索、全身式安全带和安全网等装备（用于降低坠落发生后人员受伤害的程度）。

# 9.3 高处作业前的准备工作

高处作业前的准备工作就是在开展高处作业前，要对作业人员进行培训，制定详细的高处作业方案，做好防护准备等工作。

## 9.3.1 作业人员的基本要求

（1）经医生诊断，患有以下病症的人员，不得从事高处作业：高血压、心脏病、贫血病、癫痫病、严重关节炎、手脚残废以及其他禁忌高处作业的病症。
（2）酒后或服用嗜睡、兴奋等药物的人员不得从事高处作业。
（3）作业人员应掌握高处作业的操作技能，并需经培训合格。

## 9.3.2 作业人员的培训

所有进行高处作业的人员应接受培训，培训内容如下。
（1）高处坠落可造成人身伤害的严重性和事故案例。
（2）识别高处坠落危害的方法和防范措施。
（3）使用和检查防护装备的方法。
（4）高处作业安全教育。
（5）救援和急救措施。

## 9.3.3 作业前准备工作

（1）安全专业人员参与工作安全分析，制定详细的高处作业方案（包括救援、急救方案），并推荐合适的坠落保护措施和设备。
（2）尽可能采用脚手架、操作平台和升降机等作为作业安全平台。
（3）在搭设脚手架、钢结构的同时应设置楼梯、扶手和救生索。
（4）做好临边防护措施，并尽可能在地面预制好装设缆绳、护栏等设施的固定点；避免在高处进行焊接。

（5）应在地面预制锚固点和生命线，提供固定安全带的位置。

（6）准备和检查防坠落装备、急救设施。

## 9.4　高处作业的安全措施

### 9.4.1　人员坠落的防护

（1）个人坠落防护的装备包括：锚固点、连接装置、全身式安全带、生命线、抓绳器、减速装置、定位系索或其组合。如图9-4至图9-7所示。

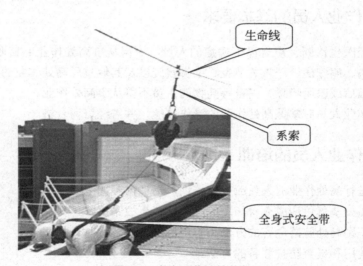

图9-4　个人坠落防护装备

图9-5　锚固点连接器

图 9-6 安全帽

图 9-7 安全防护用品必不可少

锚固点：用于其上固定生命线、引入线或系索的固定点。

生命线：一根垂直或水平的绳，固定到一个锚固点上或两个锚固点之间，可以在其上面挂系索或安全带。

全身式安全带：能够系住人的躯干，把坠落力量分散在大腿上部、骨盆、胸部和肩部等部位的安全保护装备，包括用于挂在锚固点或生命线上的两根系索。

系索：用于将人员和锚固点或生命线连接在一起的短绳或系带。

锚固点连接器：把坠落保护设施固定到锚固点上的一个部件或装置。

**特别提醒：**

女士要注意随时捡走落在身上的头发，可以在随身包里备一双丝袜。在使用这些装备之前，应注意以下问题。

（1）使用人员已接受培训，能够识别坠落隐患并正确使用个人坠落防护装备。
　　　（2）装备的所有组件应与制造商的说明书一致。
　　　（3）锚固点和连接技术已经检验合格。
　　　（4）在每次使用前必须对个人坠落防护装备所有附件进行检查。

　　（2）已经消除工作面的不稳定和人员的晃动带来的坠落隐患。
　　（3）已经考虑在坠落过程中防止撞上低层的表面或物体的措施。
　　（4）高处作业人员必须系好安全带，戴好安全帽，衣着要灵便，禁止穿带钉易滑的鞋，安全带的各种部件不得任意拆除。安全带和安全帽应符合国家标准。
　　（5）安全带使用时必须挂在施工作业处上方的牢固构件上，不得系挂在有尖锐棱角的部位。安全带系挂点下方应有足够的净空。
　　（6）安全带应高挂（系）低用，不得采用低于肩部水平的系挂方法。
　　（7）严禁用绳子捆在腰部代替安全带或仅在腰部系扎一字型安全带。
　　（8）所有的设备，包括安全带、系索、安全帽、救生索等，不得存在如焊接损坏、化学腐蚀、机械损伤等状况。

### 9.4.2　脚手架使用要求

　　（1）脚手架的搭设必须符合国家、行业有关规程或标准的要求。
　　（2）搭架人员必须经特殊作业人员的培训并考核合格，做到持证上岗。
　　（3）应使用符合国家、行业有关标准规范的吊架、脚手板、防护围栏和挡脚板等。
　　（4）作业前，作业人员应仔细检查作业平台是否坚固、牢靠，安全措施是否落实。

### 9.4.3　梯子使用要求

#### 9.4.3.1　直梯安全使用要求

　　（1）梯子的架设。
　　——梯子必须放于稳固、平坦及干爽的表面上。
　　——滑面上使用的梯子，端部应套绑防滑胶皮。
　　——在松软地面上，应利用大木板将梯脚垫起以防下陷。
　　——梯顶要依靠于结实表面，不可依排水管、塑料物上，因为他们的强度不足。如图9-8所示。

不稳固的梯子

图9-8 不稳固的样子

——如梯子直立于门前,要确保门已锁上,并设置醒目标志或指定专人监护。
——如果梯子是通往天台或一个平台,最顶三级应高于天台或平台的水平表。
——倾斜竖立的爬梯要符合4∶1安全角度。如图9-9所示。
——应使用绳索将梯顶的扶手位置(不是梯级)固定。
——当不能用绳索固定梯子时,应由专人协助扶梯(扶梯的方式应是:一脚踏稳最底梯级,双手紧握两边扶手)。如图9-10所示。

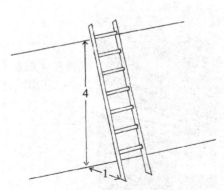

图9-9 竖梯4∶1安全角度

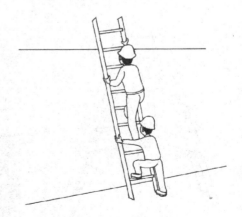

图9-10 正确扶梯方式

> **特别提醒：**
>
> 强风下不可使用梯子在户外工作。不可将梯子放于箱、砖或其他不稳定物体上以求增加工作高度。接近架空电线使用梯子要特别小心，如工作不能避免时，应首先断开电源或放电以及绝缘处理后才摆放梯子，此时应选用木或强化纤维材料的梯子。

（2）上下梯子的要求。

——健康状况不理想时，如眩晕、高血压等，不可使用梯子。

——应穿着安全鞋，确保鞋底干爽防滑。

——使用者应面向梯子，身体重心于两边扶手之间，身体四肢中的三肢任何时间均应接触梯子。

——在梯子上工作应携带工具包，防止落物。

### 9.4.3.2 人字梯安全使用要求

（1）当使用人字梯时应全面打开及锁好限制跨度的拉链，必须安放在平稳表面。

（2）当打开或关折梯子时手部远离梯绞和梯锁角夹口。如图9-11所示。

（3）不应踏在梯子顶端工作。用人字梯时离梯子顶端不应少于两步；人字梯应摆放于工作地方的正前方，身体不应偏向侧面进行工作，否则容易失去重心而跌下。如图9-12所示。

（4）不可把人字梯用作直梯使用。

（5）不应站在人字梯上以"步行"方式移动梯子，这是非常危险的。

图9-11 手部应远离梯锁角夹口

图9-12 不应踏在梯子顶端工作

#### 9.4.3.3 梯子的检查

（1）保存梯子的区域不可过热或过于潮湿。

（2）发现有故障的梯子应立即停止使用，并贴上"禁止使用"标签，通知该相关负责人。

（3）应每三个月检查梯子状况并做书面记录。见表9-2。

**表9-2　梯子检查记录卡**

合格：OK　　　　不合格：NO　　　　不存在：NA

| 项目 | 第一季度 | 第二季度 | 第三季度 | 第四季度 |
| --- | --- | --- | --- | --- |
| 标识 | | | | |
| 支脚 | | | | |
| 防滑垫 | | | | |
| 横档 | | | | |
| 锁链 | | | | |
| 铰链 | | | | |
| 绳索 | | | | |
| 铆接 | | | | |
| 裂痕 | | | | |
| 变形 | | | | |
| 腐蚀 | | | | |
| 使用区域： | | | | |
| 检查人： | | 检查日期： | | |

### 9.4.4　救生索使用要求

（1）使用自动收缩式救生索时，监护人员和使用者必须确认：使用者经过训练，能够正确使用自动收缩式救生索；自动收缩式救生索与正确配置的坠落防护装置联合使用。

（2）自动收缩式救生索一次只能一人使用。

（3）自动收缩式救生索应直接连接到安全带的背部D形环上，严禁与缓冲系索一起使用或与其连接。

（4）在屋顶、脚手架、储罐、塔、容器、入孔等处作业时，应考虑使用自动收缩式救生索。

（5）在攀登垂直固定梯子、移动式梯子及升降平台等设施时，也应考虑使用自动收缩式救生索。

（6）救生索必须由经过培训的人员或在其监督下进行安装和使用。

（7）救生索的连接点必须采取双卡扣。

### 9.4.5 安全网使用要求

安全网是防止坠落的最后措施，使用之前，监护人员和使用者必须确认以下事项。

（1）安装或拆除安全网时是否在高处作业。

（2）安全网尽可能接近工作面。

（3）保证安全网下方有足够的净空。

（4）安全网应该有足够保护工作面的面积。

（5）安全网支撑桩、柱的设计是否阻止坠落人员落在上面。

（6）使用时应按GB 5725—1997《安全网》的要求进行安装和坠落测试，满足要求后方可投入使用。

（7）安全网应每周至少检查一次磨损、损坏和老化情况。

（8）掉入安全网的材料、构件和工具应及时清除。

### 9.4.6 锚固点要求

（1）必须独立于其他任何用来支持或悬挂工作台的固定点。

（2）在经过培训的人员监督下进行设计、安装和使用。

（3）每增加一个连接到该点的人，则该点的承受拉力必须增加至少2300kg。

（4）全身安全带的所有锚固点应超过肩部高度，自动收缩式生命线系统的锚固点应超过头顶高度。

（5）必须对作为锚固点的管道、梁柱等进行评估。

### 9.4.7 其他安全作业要求

（1）高处作业应与架空电线保持安全距离。

（2）夜间高处作业应有充足的照明。

（3）高处作业禁止投掷工具、材料和杂物等，工具应有防掉绳，并放入工具袋。

（4）所用材料应堆放平稳，作业点下方应设安全警戒区，应有明显警戒标志，并设专人监护。

（5）禁止上下垂直进行高处作业，如需分层进行作业，中间应有隔离措施。

（6）30米以上的高处作业与地面联系应设有相应的通讯装置。

（7）外用电梯、罐笼应有可靠的安全装置。

（8）作业人员应沿着通道、梯子上下，禁止沿着绳索、立杆或栏杆攀登。

（9）禁止在不牢固的结构物（如石棉瓦、木板条等）上进行作业。

（10）禁止在平台、孔洞边缘、通道或安全网内休息。

（11）楼板上的孔洞应设盖板或围栏。

（12）禁止在屋架、桁架的上弦、支撑、檩条、挑架、挑梁、砌体、不固定的构件上行走或作业。

## 9.5　高处坠落应急处理

高处坠落应急处理就是当高处坠落事件发生时，第一时间采取一些救护措施来抢救受伤人员，以降低伤害的严重性。

### 9.5.1　高处坠落受伤人员施救的过程

（1）当发生人员轻伤时，现场人员应采取防止受伤人员大量失血、休克、昏迷等紧急救护措施，并将受伤人员脱离危险地段，拨打120医疗急救电话，并向应急救援指挥部报告。

（2）救援人员到达现场后，协助医务人员实施各项救护措施。

（3）如果受伤者处于昏迷状态但呼吸心跳未停止，应立即进行口对口人工呼吸，同时进行胸外心脏按压，一般以口对口吹气为最佳。急救者位于受伤者一侧，托起受伤者下颌，捏住受伤者鼻孔，深吸一口气后，往其嘴里缓缓吹气，待其胸廓稍有抬起时，放松其鼻孔，并用一手压其胸部以助呼气，反复并有节律地（每分钟吹16～20次）进行，直至其恢复呼吸为止。

（4）如受伤者心跳已停止，应先进行胸外心脏按压。让受伤者仰卧，头稍后仰，急救者位于受伤者一侧，面对受伤者，右手掌平放在其胸骨下段，左手放在右手背上，借急救者身体重量缓缓用力，不能用力太猛，以防骨折，然后松手腕（手不离开胸骨）使胸骨复原，反复有节律地（每分钟60～80次）进行，直到其心跳恢复为止。

（5）以上施救过程在救援人员到达现场后结束，工作人员应配合救援人员进行救治。

### 9.5.2 呼吸、心跳情况的判定

（1）受伤者如意识丧失，应在10秒内，用看、听、试的方法判定受伤者呼吸心跳情况。

（2）看——看受伤者的胸部、腹部有无起伏动作。

（3）听——用耳贴近受伤者的口鼻处，听其有无呼气声音。

（4）试——试测口鼻有无呼气的气流，再用两手指轻试一侧（左或右）喉结旁凹陷处的颈动脉有无搏动。

（5）若看、听、试结果，既无呼吸又无颈动脉搏动，可判定呼吸心跳停止。

### 9.5.3 判断有无意识的方法

（1）轻轻拍打受伤者肩膀，高声喊叫"喂，能听见吗？"。

（2）如认识，可直接喊其姓名。

（3）无反应时，立即用手指甲掐压人中穴、合谷穴约5秒。

### 9.5.4 呼吸和心跳均停止时的处理

呼吸和心跳均停止时，应立即按心肺复苏法正确进行就地抢救。

（1）通畅气道。

（2）口对口（鼻）人工呼吸。

（3）胸外接压（人工循环）。

### 9.5.5 骨折急救

（1）肢体骨折可用夹板或木棍、竹竿等将断骨上、下方关节固定，也可利用受伤者身体进行固定，避免骨折部位移动，以减少疼痛，防止伤势恶化。

（2）开放性骨折，伴有大出血者应先止血、固定，并用干净布片覆盖伤口，然后速送医院救治，切勿将外露的断骨推回伤口内。

（3）疑有颈椎损伤，在使受伤者平卧后，用沙土袋（或其他替代物）旋转围子颈部两侧至颈部固定不动，以免引起截瘫。

（4）腰椎骨折应将伤员平卧在平硬木板上，并将腰椎躯干及二侧下肢一同进行固定，预防瘫痪。搬动时应数人合作，保持平稳，不能扭曲。

### 9.5.6 抢救过程中的再判定

（1）按压吹气1分钟后（相当于单人抢救时做了4个15：2压吹循环），应用

看、听、试方法在5～7秒时间内完成对受伤者呼吸和心跳是否恢复的再判定。

（2）若判定颈动脉已有搏动但无呼吸，则暂停胸外按压，而再进行二次口对口人工呼吸，接着每5秒吹气一次（即每分钟12次）。如脉搏和呼吸均未恢复，则继续坚持心肺复苏法抢救。

（3）在抢救过程中，要每隔数分钟再判定一次，每次判定时间均不得超过5～7秒。在医务人员未接替抢救前，现场抢救人员不得放弃现场抢救。

班组长平时要积极参加工厂组织的应急处理培训，掌握一些基本的抢救方法，在事故发生时一定要沉着、冷静地处理，而且要不轻言放弃。

# 第10章 消防知识培训与演练

**引言** 消防安全是每个企业的头等大事。企业平时要强化员工的消防安全知识，同时为提高火灾防控能力和突发事件应急救援能力，可定期组织班组成员参加工厂组织的应急疏散演练及消防安全知识培训。

# 10.1 认识火灾

火灾是指在时间和空间上失去控制的燃烧所造成的灾害。在各种灾害中，火灾是最经常、最普遍地威胁公众安全和社会发展的主要灾害之一。

## 10.1.1 引起火灾的原因

火是一种自然现象，而火灾大多是一种社会现象，引起火灾的原因，虽也有自然因素，如雷击、物质自燃等，但主要还是由于人的因素。引起火灾的直接原因很多，但无论哪一种原因，几乎都同人们的思想麻痹息息相关。见表10-1。

表10-1 引起火灾的原因

| 序号 | 原因类别 | 具体说明 |
|---|---|---|
| 1 | 违反电气安装安全规定 | （1）导线选用、安装不当<br>（2）变电设备、用电设备安装不符合规定<br>（3）使用不合格的保险丝或用铜、铁丝代替保险丝<br>（4）没有安装避雷设备或安装不当<br>（5）没有安装除静电设备或安装不当 |
| 2 | 违反电气使用安全规定 | （1）发生短路：导线绝缘老化；导线裸露相碰；导线与导电体搭接；导线受潮或被水浸湿；对地短路、电气设备绝缘击穿；插座短路等<br>（2）超负荷：乱用保险丝；电气设备超负荷；保险丝熔断冒火；电气、导线过热起火等<br>（3）接触不良：连接松动；导线连接处有杂质；接头触点处理不当等<br>（4）其他原因：电热器接触可燃物；电气设备摩擦发热打火；灯泡破碎；静电放电；导线断裂；忘记切断电源等 |
| 3 | 违反安全操作规定 | （1）违章使用电焊气焊：焊割处有易燃物质；焊割设备发生故障；焊割有易燃物品的设备；违反动火规定等<br>（2）违章烘烤：超温烘烤可燃设备；烘烤设备不严密；烘烤物距火源近；烘烤作业无人监视等<br>（3）违章熬炼：超温、沸溢、熬炼物不合规定；投料有差错等<br>（4）生产违章作业：投料差错；超温超压爆燃；冷却中断；混入杂质反应激烈；压力容器缺乏防护设施；操作严重失误等<br>（5）储存运输不当：储运中易燃易爆物质的挥发或液体外溢；储运的物品遇火源；化学物品混存；摩擦撞击；车辆故障起火等<br>（6）其他：设备缺乏维修保养；仪器仪表失灵；违反用火规定；易燃易爆物接触火源；车辆排气管喷出火星；烧荒等 |
| 4 | 吸烟 | 乱扔未熄灭的烟头、火柴杆或在禁止吸烟处违章吸烟 |
| 5 | 自燃 | 物品受热自燃；植物堆垛受潮自燃；煤堆自燃；化学活性物质遇空气及遇水自燃；氧化性物质与还原性物质混合自燃等 |
| 6 | 自然原因 | 雷击起火等 |

### 10.1.2 火灾的性质

首先要弄清是电起火还是其他物质引起的火灾,若为电起火,一定要先切断电源,然后再展开扑救。室内火灾具有三个特点:突发性、多变性、瞬时性。

### 10.1.3 火灾发展的四个阶段

初起、发展、猛烈、熄灭。

### 10.1.4 火灾分类

火灾分A、B、C、D四类。

A类火灾:指固体物质火灾,这种物质往往具有有机物质性质,一般在燃烧时能产生灼热的余烬,如木材、棉、毛、麻、纸张等。

B类火灾:指液体火灾和可熔固体熔化的固体物质火灾,如汽油、煤油、原油、甲醇、沥青、石蜡等。

C类火灾:指气体火灾,如煤气、天然气、甲烷等。

D类火灾:指金属火灾,如钾、钠、镁、铝镁合金等。

## 10.2 灭火

灭火就是破坏燃烧条件使燃烧反应终止的过程,简单地说就是用合适的方法把火扑灭。

### 10.2.1 灭火的方法

灭火的方法包括冷却法、窒息法、隔离法、抑制法等。

(1)隔离法:就是把火和可燃物隔离开。

(2)冷却法:是常用的灭火方法,它是使燃烧物的温度降低到燃烧点以下。

(3)窒息法:就是指燃烧物与空气(或是其他助燃物质)隔绝,使燃烧缺乏足够的助燃物而熄灭。

(4)抑制法:采用化学灭火法,将化学灭火剂喷射到燃烧物上,使其参与燃烧反应,使燃烧终止达到灭火目的,常用的有二氧化碳和干粉灭火器。

## 10.2.2 灭火器的使用

灭火器的使用方法如图10-1、图10-2所示。

(a) 第一步：轻轻取下灭火器

(b) 第二步：手提筒体上部的提环，迅速奔赴火场，应注意不得使灭火器过分倾斜，更不可横拿或颠倒，以免两种药剂混合而提前喷出

(c) 第三步：在距离着火点10米左右停下，将筒体颠倒过来

(d) 第四步：上下摇晃灭火器

(e) 第五步：右手抓筒耳，左手抓筒底边缘，把喷嘴朝向燃烧区，站在离火源10米远的地方喷射，并不断前进，围着火焰喷射，直至把火扑灭

(f) 第六步：灭火后，把灭火器卧放在地上，喷嘴朝下

图10-1　灭火器使用方法

图10-2 灭火器材使用指南

某工厂张贴有灭火器材使用指南,非常形象

## 10.2.3 消防水系统的使用

消防水系统是内部紧急应对火灾和向专业消防队提供水源的消防设备设施,由水枪、水带、消火栓、消防泵和水泵接合器五个部分构成。

### 10.2.3.1 水枪

水枪是将水通过多种形状喷射到燃烧物上的器具(如图10-3所示)。常用的水枪有直流水枪、雾化水枪、多用水枪和带架水枪等。

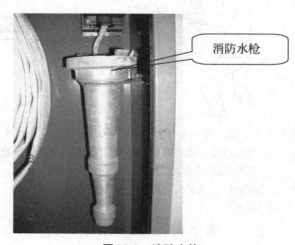

消防水枪

图10-3 消防水枪

（1）直流水枪射程远，冲击力强，但水损耗大，适用于扑救较远距离火灾和冷却较远距离物体。

（2）雾化水枪的水流呈雾状，冷却效果好，水损耗小，但射程较近，用于扑救电气设备或重质油火灾。

（3）多用水枪可实现直流、开花和喷雾水的组合喷射，一枪多用，操作方便，适用于扑救室内外一般固体物质火灾和可燃液体小火灾及气体火灾。

（4）带架水枪水流量大，射程远，适用于扑救棚户、露天货场等较大面积火灾。

#### 10.2.3.2 水带

水带是将水泵排出的压力水输送到火点的输水管线，其口径有50毫米、65毫米、80毫米和90毫米四种。如图10-4所示。

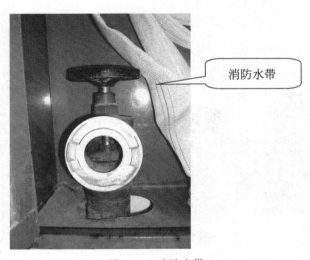

**图10-4 消防水带**

#### 10.2.3.3 消火栓

消火栓是城市消防供水的重要设备，向水枪或消防车提供压力水源，有室内消火栓和室外消火栓两种。

（1）室内消火栓。室内消火栓的使用方法是，打开消火栓箱，取出水带和水枪，将消火栓阀门手轮按开启方向旋转，即可出水。如图10-5所示。

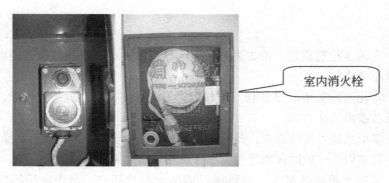

图 10-5　室内消火栓

（2）室外消火栓。室外消火栓与城镇自来水管网相连，有地上式与地下式两种。地上式的，使用时用消火栓钥匙板头套在启闭杆上端的轴心，按逆时针方向转动，打开进水口，关闭排水口。地下式的，使用时打开井盖，拧下闷盖，接上消火栓与吸水管的连接口或接上水带，用专用扳手打开阀塞即可出水。如图10-6所示。

图 10-6　室外消火栓

#### 10.2.3.4　消防泵

消防泵安装于消防车、固定灭火设施或其他消防设施上，用于输送水、泡沫液等。其中手抬机动消防泵最适于火灾初始阶段的扑救，其由发动机、离心泵、引水装置和手抬架组成，操作方便，机动灵活。

#### 10.2.3.5　水泵结合器

水泵结合器安装于建筑物内外的地上、地下或墙壁上，利用消防车、机动泵通过进水口向建筑物内消火栓、自动喷水灭火设备供水。其使用时的操作顺序是：打开井盖，关闭放水阀，卸下进水接口闷盖，连接好水带，由消防车供水。如图10-7所示。

图10-7 水泵结合器

企业可张贴如消防栓操作方法的示意图等，并组织员工进行学习。如图10-8所示。

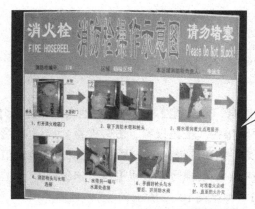

图10-8 消防栓操作示意图

## 10.2.4 消防水灭火的编队演练

消防水五人组合灭火适用于水压较高的灭火行动，具体操作要领如下。

（1）接警后，先到者为第一人，迅速打开消防箱，取出消防水枪，警示随后者，并迅速跑向火场，选择灭火的最佳位置。

（2）第二人迅速提起一盘水带，跑出15米左右抛出，丢下一头，携带另一接头，紧跟第一人，接好水枪并帮助把持水枪。

（3）依次，第三人提起一盘水带，丢下一头，携带另一接头，紧跟第二人，接上第二人丢下的水带接头，后跟进帮助把持水枪。

（4）第四人拾起第三人留下的水带接头，并接到消火栓的接头上，后跟进帮助把持水枪。

（5）第五人打破消防控制器玻璃，待4号队员接好水带后，迅速开启消防水，出水灭火，并随情况而定，帮助整理水带或必要时帮助把持水带。

消防水五人组合灭火分工图如图10-9所示。

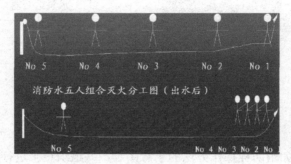

图10-9　消防水五人组合灭火分工图

## 10.3　火灾报警

报警是指当火灾发生时，为使国家、公共利益、本人或者他人的人身、财产和其他权利免受损失而通过电话、手动报警（按钮报警、击破报警）、自动报警（烟感报警、温感报警）等方式向管理方、消防局报告火灾危急情况或发出危急信号。

报警的方法有：电话报警（119）；手动报警（按钮报警、击破报警）；自动报警（烟感报警、温感报警）。如图10-10至图10-12所示。

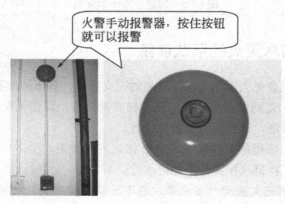

图10-10　火警手动报警器

图 10-11 报警方法看板

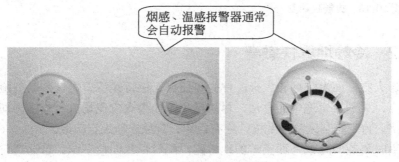

图 10-12 火警自动报警器

电话报警的要领如下。

（1）沉着镇定，不要打错电话，延误时间。

（2）讲清失火现场的名称地址。如××单位、靠近什么路口和标志。

（3）燃烧的是什么物质、起火部位、火势大小、有无人员被困以及报警人的姓名和电话号码，以便及时联系。

（4）报警后，应立即派人在路口等候消防队到来。

作业场所一旦发生火灾，能扑救的尽力扑救，情况危急时，班组长一边组织人扑救，一边要报警，提醒其他人员离开火场。

## 10.4 火场逃生

火场逃生是指当火灾发生时，要想尽各种办法迅速地逃离火场到安全的地方。以下主要讲解建筑物内发生火灾时自救和逃生要领。

## 10.4.1 要熟悉周围环境并记牢消防通道路线

每个人对自己工作场所环境和居住所在地的建筑物结构及逃生路线要做到了如指掌，务必要留意疏散通道、紧急出口的具体位置及楼梯方位等，这样一旦火灾发生，寻找逃生之路就会胸有成竹、临危不惧，并安全迅速地逃离现场。如图10-13所示。

> 某工厂的火警疏散图，对这些信息，平时就一定要注意

图10-13　火警疏散图

## 10.4.2 冷静地尽快撤离

突遇火灾，面对浓烟和大火，首先要使自己保持镇静，迅速判断危险地点和安全地点，果断决定逃生的办法，尽快撤离。如果火灾现场人员较多，切记不要相互拥挤、盲目跟从或乱冲乱撞，应有组织、有秩序地进行疏散。

撤离时要朝明亮或外面空旷的地方跑，同时尽量向楼下跑。若通道已被烟火封阻，则应背向烟火方向离开，通过阳台、气窗、天台等往室外逃生。如果现场烟雾很大或断电，能见度低，无法辨明方向，则应贴近墙壁或按指示灯的提示，摸索前进，尽力找到安全出口。如图10-14所示。

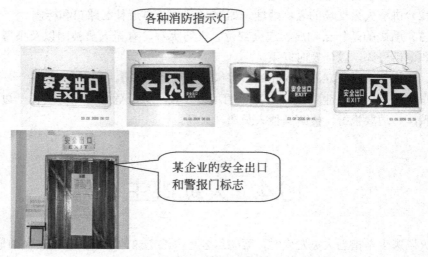

> 各种消防指示灯

> 某企业的安全出口和警报门标志

图10-14　各种消防指示灯和安全出口标志

## 10.4.3　要利用消防通道而不可进入电梯

在高层建筑中，电梯的供电系统在遇火灾时随时会断电，或因强热作用使电梯部件变形而将人困在电梯内，同时由于电梯井犹如贯通的烟囱般直通各楼层，有毒的烟雾极易被吸入其中，直接威胁被困人员的生命。因此，发生火灾时千万不可乘普通的电梯逃生，而要根据情况选择进入相对较为安全的楼梯、消防通道。此外，还可以利用建筑物的阳台、窗台、天台屋顶等攀爬到周围的安全地点。如图10-15所示。

图10-15　火警禁止乘电梯的标志

## 10.4.4　用各种合适的方法逃生

火场人员可以通过建筑物内的高空缓降器或救生绳，离开危险的楼层。另外，在救援人员不能及时赶到的情况下，可以迅速利用身边的绳索或床单、窗帘等自制简易救生绳，最好用水打湿，然后从窗台或阳台沿绳滑下，还可以沿着水管、避雷线等建筑结构中的凸出物滑到地面。如图10-16所示。

图10-16　利用床单、窗帘等逃生

如果逃生时要经过充满烟雾的路线，可使用湿毛巾或口罩蒙住口鼻，同时身体尽量贴近地面匍匐前行。穿过烟火封锁区，应向头部、身上浇冷水或用湿毛巾、湿棉被等裹好，再冲出去。如图10-17、图10-18所示。

图10-17　火警通过烟雾路线蒙住口鼻

（逃生时经过充满烟雾的路线，可使用湿毛巾或口罩蒙住口）

图10-18　火警逃生匍匐前行

（贴墙壁，贴近地面匍匐前行）

假如用手摸房门已感到烫手，或已知房间被火围困，此时切不可打开房门，首先应关紧迎火的门窗，打开背火的门窗用湿毛巾或湿布条塞住门窗缝隙，或者用水浸湿棉被蒙上门窗，防止烟火侵入，固守待救。

## 10.4.5　被烟火围困暂时无法逃离时的注意事项

被烟火围困暂时无法逃离的人员，应尽量站在阳台或窗口等易于被人发现和能避免烟火近身的地方。在白天，可以向窗外晃动鲜艳衣物；在晚上，可以用手电筒在窗口闪动或者敲击金属物、大声呼救，及时发出有效的求救信号，引起救援者的注意。

## 10.5　消防演习

消防演习是指为提高全厂人员的安全防火意识，让大家进一步了解掌握火灾等突发事件的处理流程，以及在处理突发事件过程中检验各部门、各班组之间的协调配合，而进行的演练活动。如图10-19至图10-21所示。

平时要积极组织员工参加企业的消防演习，掌握消防器材的使用方法

图10-19　组织消防演习

定期消防演习，提高员工的应急处理能力

图10-20　消防演习通知

组织消防演习，提升安全意识

图10-21　消防演习宣传

### 10.5.1　消防安全培训与演练计划

为使消防安全培训与演练有计划、有秩序地进行，宜事先制订计划，计划的制订要与安全部门的主管协商。计划的内容如下。

（1）演练目的。

（2）演练时间、地点、参加人员（需要安全管理部门指导或其他部门人员的参与，需在此列出）。

（3）演练的步骤、要求等。

### 10.5.2　消防安全培训与演练的实施

在计划规定的日期内安排相关人员参演，另外，要预备好场地、物资等。

### 10.5.3　总结与报告

每一次演练完成后，要做一次总结，对演练的效果、演练中发生的问题、应该注意的事项都做出分析，并为将来的安全防火培训工作提出建议。

# 第三篇
# 班组安全生产管理技能

# 第11章 班组安全教育

**引言** 　　安全教育培训是安全文化建设的重要组成部分。对于班组来说,安全教育是安全工作的主要内容之一,是搞好安全生产、完成工作任务的基础。

# 11.1 新员工入厂"三级安全教育"

新员工入厂"三级安全教育"是指对进厂的新员工、转换岗位的员工以及实习生、临时员工等实行厂级安全教育、车间安全教育、班组安全教育。

## 11.1.1 新员工入厂安全教育的要求

(1) 新入厂的工人在进入工作岗位前,必须由公司、车间、班组进行劳动保护和安全知识的初步教育,以减少由于缺乏安全技术知识而造成的各种人身伤害事故。

(2) 公司厂级教育由人事部、设备部、安全办负责;车间级教育由各分厂负责;班组级教育由各车间、班组负责。

(3) 各级安全教育必须经过考核合格后,方可上岗。

## 11.1.2 新员工入厂教育的内容

### 11.1.2.1 厂级教育

厂级教育,要求学习以下内容。

(1) 国家有关安全生产管理制度。

(2) 公司各项管理制度。

(3) 特殊工种安全技术知识。

(4) 防火、防电、防毒知识。

(5) 安全防护用品正确使用方法。

(6) 公司内重大危险点及其安全防护注意事项。

(7) 消防安全知识。

### 11.1.2.2 车间教育

车间教育,要求学习以下内容。如图11-1所示。

(1) 车间生产性质及主要工艺流程。

(2) 预防工伤事故措施。

(3) 车间重大危险点及其安全防护注意事项。

(4) 车间案例。

图 11-1　车间安全教育

> 车间安全教育主要介绍车间安全知识

#### 11.1.2.3　班组教育

班组教育，要求学习以下内容。如图11-2所示。

图 11-2　班组安全教育

> 班组主要针对具体的作业进行教育

（1）岗位操作规程。
（2）安全防护知识。
（3）紧急救护和自救常识。
（4）车间内常见的安全标志、安全色。
（5）遵章守纪的重要性和必要性。
（6）事故案例。

## 11.1.3　新员工三级教育的记录

为对新员工的安全教育状况有一个确切的了解，企业通常会设计一些安全培训签到表、新员工入职三级教育记录卡等，作为班组长，有必要留意这些记录。具体见表11-1至表11-4。

**表 11-1　班组级安全培训签到表**

| 日期 | | | | 地点 | | | |
|---|---|---|---|---|---|---|---|
| 参加人员 | 新入职员工 | | | 讲师 | | | |
| 主要内容：<br>本班组的安全生产状况、工作性质和职责范围；岗位工种的工作性质、工艺流程；机电设备的安全操作方法；各种防护设施的性能和作用；工作地点的环境卫生及尘源、毒源、危险机件、危险物品的控制方法；个人防护用品的使用和保管方法；本岗位的事故教训 ||||||||
| 参加人员一览表 ||||||||
| 序号 | 姓名 | 工号 | 工种 | 序号 | 姓名 | 工号 | 工种 |
|  |  |  |  |  |  |  |  |
|  |  |  |  |  |  |  |  |
|  |  |  |  |  |  |  |  |
|  |  |  |  |  |  |  |  |
|  |  |  |  |  |  |  |  |
|  |  |  |  |  |  |  |  |

**表 11-2　车间级安全培训签到表**

| 日期 | | | | 地点 | | | |
|---|---|---|---|---|---|---|---|
| 参加人员 | 新入职员工 | | | 讲师 | | | |
| 主要内容：<br>(1) 本车间的生产和工艺流程<br>(2) 本车间的安全生产规章制度和操作规程<br>(3) 本车间的劳动纪律和生产规则、安全注意事项<br>(4) 车间的危险部位，尘、毒作业情况；灭火器材、走火信道、安全出口的分布和位置 ||||||||
| 参加人员一览表 ||||||||
| 序号 | 姓名 | 工号 | 工种 | 序号 | 姓名 | 工号 | 工种 |
|  |  |  |  |  |  |  |  |
|  |  |  |  |  |  |  |  |
|  |  |  |  |  |  |  |  |
|  |  |  |  |  |  |  |  |
|  |  |  |  |  |  |  |  |
|  |  |  |  |  |  |  |  |
|  |  |  |  |  |  |  |  |
|  |  |  |  |  |  |  |  |

表 11-3　厂级安全培训签到表

| 日　期 | | | 地　点 | | |
|---|---|---|---|---|---|
| 参加人员 | 新入职员工 | | 讲　师 | | |
| 主要内容：（1）安全法律法规　　（4）消防安全知识<br>　　　　　（2）机械安全知识　　（5）安全事故案例<br>　　　　　（3）电气安全知识　　（6）职业病预防与劳动防护 | | | | | |
| 参加人员一览表 | | | | | |
| 序号 | 工号 | 姓名 | 部门 | 序号 | 工号 | 姓名 | 部门 |
|  |  |  |  |  |  |  |  |
|  |  |  |  |  |  |  |  |
|  |  |  |  |  |  |  |  |

表 11-4　新进人员三级安全教育卡

| 新进人员三级安全教育卡 | | 代号 | |
|---|---|---|---|
|  | | 编号 | |
| 姓名 | | 性别 | | 年龄 | | 录用形式 | |
| 体检结果 | | | 从何处来 | | | 省　县（市）乡（街） | |
| 公司级教育<br>（一级） | 教育内容：国家、地方、行业安全健康与环境保护法规、制度、标准；本企业安全工作特点；工程项目安全状况；安全防护知识；典型事故案例等 | | |
| | 考试日期 | | 年　月　日 |
| | 考试成绩 | 阅卷人 | 安全负责人 |
| 工程公司级<br>教育（二级） | 教育内容：本车间施工特点及状况；工种专业安全技术要求；专业工作区域内主要危险作业场所及有毒、有害作业场所的安全要求和环境卫生、文明施工要求 | | |
| | 考试日期 | | 年　月　日 |
| | 考试成绩 | 主考人 | 安全负责人 |
| 班组级教育<br>（三级） | 教育内容：本班组、工种安全施工特点、状况；施工范围所使用工、机具的性能和操作要领；作业环境、危险源的控制措施及个人防护要求、文明施工要求 | | |
| | 考试日期 | | 年　月　日 |
| | 掌握情况 | | 安全员 |
| 个人态度 | | | 年　月　日 |
| 准上岗人意见 | | 批准人 | |
| 备注 | | | |
| 注：调换工种或因故离岗六个月后上班时亦用此表考核 | | | |

新入厂员工只有经过三级安全教育并经逐级考核全部合格后，才可以上岗。

## 11.2　特种作业人员安全教育

特种作业是指在劳动过程中容易发生伤亡事故，对操作者和他人以及周围设施的安全有重大危害因素的作业。特种作业人员，是指直接从事特种作业的从业人员。

### 11.2.1　特种作业及人员范围

特种作业及人员范围如下。

（1）电工作业。含发电、送电、变电、配电工；电气设备的安装、运行、检修（维修）、试验工；矿山井下电钳工。

（2）金属焊接、切割作业。含焊接工、切割工。

（3）起重机械作业。含起重机械司机、司索工、信号指挥工、安装与维修工。

（4）企业内机动车辆驾驶。含在企业内及码头、货场等生产作业区域和施工现场行驶的各类机动车辆的驾驶人员。

（5）登高架设作业。含2米以上登高架设、拆除、维修工；高层建（构）筑物表面清洗工。

（6）锅炉作业（含水质化验）。含承压锅炉的操作工、锅炉水质化验工。

（7）压力容器作业。含压力容器罐装工、检验工、运输押运工；大型空气压缩机操作工。

（8）制冷作业。含制冷设备安装工、操作工、维修工。

（9）爆破作业。含地面工程爆破工、井下爆破工。

（10）矿山通风作业。含主扇风机操作工、瓦斯抽放工、通风安全监测工、测风测尘工。

（11）矿山排水作业。含矿井主排水泵工、尾矿坝作业工。

（12）矿山安全检查作业。含安全检查工、瓦斯检验工、电器设备防爆检查工。

（13）矿山提升运输作业。含主提升机操作工、绞车操作工、固定胶带输送机操作工、信号工、拥罐（把钩）工。

（14）采掘（剥）作业。含采煤机司机、掘进机司机、耙岩机司机、凿岩机司机。

（15）矿山救护作业。

（16）危险物品作业。含危险化学品、民用爆炸品、放射性物品的操作工、运

157

输押运工、储存保管员。

(17) 经国家批准的其他作业。

### 11.2.2 特种作业人员的要求

特种作业人员必须具备以下基本条件。

(1) 年龄满18周岁。

(2) 身体健康,无妨碍从事相应工种作业的疾病和生理缺陷。

(3) 初中(含初中)以上文化程度,具备相应工种的安全技术知识,参加国家规定的安全技术理论和实际操作考核并成绩合格。

(4) 符合相应工种作业特点需要的其他条件。

### 11.2.3 特种作业人员的教育培训

特种作业人员必须接受与本工种相适应的、专门的安全技术培训,经安全技术理论考核和实际操作技能考核合格,取得特种作业操作证后,方可上岗作业。未经培训或培训考核不合格者,不得上岗作业。已按国家规定的本工种安全技术培训大纲及考核标准的要求进行教学,并接受过实际操作技能训练的职业高中、技工学校、中等专业学校毕业生,可不再进行培训而直接参加考核。

班组长在安排人员进行特种作业时,一定要确认该员工具有特种作业人员的资格证。

## 11.3 调岗、复工安全教育

调岗安全教育,是指职工调换工作岗位时进行的新操作方法和新工作岗位的安全教育。复工安全教育,是指职工伤、病愈复工或经过较长的假期后,复工上岗前的安全教育。

在工厂中,对于调换工作岗位或是伤愈、休假后复工的人员,也需要进行安全教育。

### 11.3.1 调岗安全教育

#### 11.3.1.1 岗位调换

员工在车间内或厂内换工种,或调换到与原工作岗位操作方法有差异的岗位,以及短期参加劳动的管理人员等,这些人员应由接收单位进行相应工种的安全生产教育。

#### 11.3.1.2 教育内容

可参照"三级安全教育"的要求确定,一般只需进行车间、班组级安全教育,但调作特种作业人员,要经过特种作业人员的安全教育和安全技术培训,经考核合格取得操作许可证后方准上岗作业。

### 11.3.2 复工安全教育

复工教育的对象包括因工伤痊愈后的人员及各种休假超过3个月以上的人员。

#### 11.3.2.1 工伤后的复工安全教育

(1)对已发生的事故作全面分析,找出发生事故的主要原因,并指出预防对策。

(2)对复工者进行安全意识教育、岗位安全操作技能教育及预防措施和安全对策教育等,引导其端正思想认识,正确吸取教训,提高操作技能,克服操作上的失误,增强预防事故的信心。

#### 11.3.2.2 休假后复工安全教育

员工常因休假而造成情绪波动、身体疲乏、精神分散、思想麻痹,复工后容易因意志失控或者心境不定而产生不安全行为,导致事故发生,因此,要针对休假的类别,进行复工"收心"教育,即针对不同的心理特点,结合复工者的具体情况消除其思想上的余波,有的放矢地进行教育,如重温本工种安全操作规程、熟悉机器设备的性能、进行实际操作练习等。

对于因工伤和休假等超过3个月的复工安全教育,应由企业各级分别进行。经过教育后,由劳动人事部门出具复工通知单,班组接到复工通知单后,方允许其上岗操作。对休假不足三个月的复工者,一般由班组长或班组安全员对其进行复工教育。

## 11.4 班组安全教育的方法

安全教育的方法就是运用各种方法来开展安全教育,使员工掌握安全技能,从思想上接受改变。

### 11.4.1 反复进行

反复地讲给他们听、做给他们看，让他们看看，就能记住。知识教育要从各种角度去教；技能教育要达到直观、领会和掌握关键；态度教育可以举几个例子使每个人在思想上能够接受，以改变过去的认识和态度。

### 11.4.2 强化印象

不是抽象的、观念性的教法，而是以事实和事物具体地教，以刺激学习者的要求，让他记在心里。

### 11.4.3 利用"五官"

根据教育内容，很好地利用眼、耳、口、鼻、皮肤等任何一项的感觉进行教授。

### 11.4.4 理解功能

对设备的结构通俗易懂地教授，为了加深理解，特别要下工夫。

### 11.4.5 利用专栏、板报进行安全教育

即将安全教育的内容以看板的形式展示出来，如图11-3、图11-4所示。

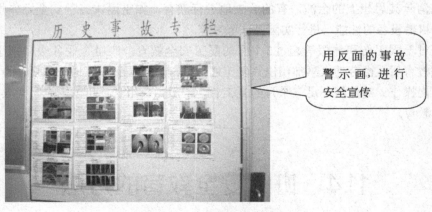

图11-3 事故警示专栏教育

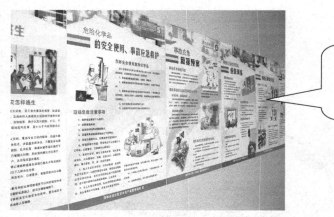

图 11-4　安全知识宣传专栏

安全教育的方式多种多样，可以灵活使用，最好根据员工文化程度的不同采用不同的方式方法，使员工受到较好的安全教育。

# 第12章 开好班前班后会

**引言**　班前会和班后会是企业生产班组实施工作任务前后进行的生产组织活动形式。一个班组进班前，班组长组织本班人员开好班前会，是很多企业班组通行的做法，也是班组安全管理的需要。班前班后会开不开、怎么开、开得好不好、达到什么效果，直接反映了班组长的安全管理水平。

## 12.1 开好班前会

班前会是各班组在正式上岗前,由班组长主持,班组员工参加,以班组为单位集合召开的工作会议,是班组考核员工签到、安排当班具体工作、形势任务教育每天必开的例会,是对当班安全生产的指导、分析、鼓励、动员,是当班可能出现的安全危险因素伤害和职业健康危害的预知预警的工作安排会,也是广大职工了解当前形势和企业生产经营情况的主要途径。

### 12.1.1 班前安全会的基本要求

(1)在所有班组中,无论是正常交接班,还是安排临时、重大作业前,凡两人以上(含两人)在同一工作场所作业的,必须由班长(或临时负责人)负责对员工进行班前安全讲话。如图12-1所示。

图12-1 班前安全会

(2)每次安全讲话时间要控制在5～8分钟以内。讲话前,讲话人要结合与本岗位有关各因素,事前作充分的讲话内容准备,最好用讲话稿讲话,并保留讲话稿。

### 12.1.2 班组长的事前准备

#### 12.1.2.1 提前到现场了解情况

班组长应提前到工作现场,查看上一班的记录,认真听取上一班班长交接班情况,详细记录上班是否有不正常情况,掌握第一手材料;与部门(车间)领导联系,是否有重要制度或会议精神、文件需要传达,领导是否需要参会;组织学习公司制度、会议精神。

#### 12.1.2.2 开会前要认真整理准备会议内容

班组长在开会前要将上一班的安全、工艺、设备、生产状况等方面存在的问题及经验进行归纳，客观、全面、细致地总结，对存在的问题要认真分析，拿出解决问题的具体办法，确保本班不再发生类似现象。

### 12.1.3 班前安全会的流程

#### 12.1.3.1 班前签到

必须要求当班人员在班前15分钟到齐，班组长或指定考勤员组织当班人员签到，作为考勤的依据。这一般要求在3分钟内完成。

#### 12.1.3.2 列队、检查仪表及劳保用品的穿戴

（1）由班长（或其他讲话人）组织员工列队。

（2）由班长（或其他讲话人）目视观察（确认）员工人数、表情（情绪）和劳动保护用品的穿戴情况，如有不符合着装规定的，人数较多的班组，班长可以让员工相互整理着装，人数较少的班组，如3人以下，班长可以亲自为员工整理着装。

> **特别提醒：**
>
> 凡精神状态不佳者，班组长均应引起足够的重视，对其的工作安排要有所考虑或另做调整使用。

#### 12.1.3.3 传达精神

按照上级要求传达上级会议精神，或者学习某个文件、材料。

#### 12.1.3.4 安全提示

本班当日作业前安全预测及防范措施；设备在使用中可能出现的隐患及预防措施；提示周边和自然环境、气候变化可能出现的风险及预防措施等。

#### 12.1.3.5 工作布置

（1）明确本班员工当班的主要工作任务（包括加油、保洁、整理物品、学习）。

（2）明确本班员工岗位职责。

（3）明确本班员工在发生或出现突发事故时的分工。

> **特别提醒：**
>
> 班长讲完话以后，最好是随机挑选三个普通员工询问了解情况，确保关键精神落实到每个职工。

对于班前会，如果企业没有一个规定的模式或流程的话，班组长可以自己整理出一个流程，这样，每次开起班前会来就很规范、很正式，班组成员也就会真正地重视起班前会。表12-1是某工厂班前会的流程、内容、标准及时间要求，希望对你有所帮助。

表12-1 班前会的流程、内容、标准及时间要求

| 序号 | 阶段名称 | 工作内容 | 实施标准 | 时间要求 |
|---|---|---|---|---|
| 1 | 班前准备 | （1）确认本班当日生产计划、型号、时间、材料及备货等要求 | 任务细化分配到每个岗位每名员工 | 上班前 |
| | | （2）确认上班生产情况 | 收集上班质量、安全、环境问题的通报材料 | 上班前 |
| | | （3）检查现场设备、工器具、交接班记录及环境 | 现场巡视记录并组织通报材料 | 上班前 |
| | | （4）收集事故通报、学习文件、现场案例等 | 相关文件、素材、材料整理，组织发言材料 | 上班前 |
| 2 | 班前会集合 | （1）集合 | 班组全员在班前5分钟到班组活动室集合 | 班前5分钟 |
| | | （2）班长检查着装、劳保用品穿戴、人员出勤、上岗证等 | 劳防用品及着装规范、上岗证及操作证随时佩戴等，准时出勤 | 20秒检查完毕 |
| | | （3）班长观察班组人员情况 | 观察员工精神状态，是否精神恍惚、是否有熬夜黑眼圈、是否感冒生病、是否喝酒等 | 10秒观察完毕 |
| 3 | 班前会 | （1）班前点名，记录考勤 | 班长宣读姓名，班组成员听到后喊"到"，声音洪亮，保证每位员工听清楚 | 40秒完成 |
| | | （2）喊口号或唱厂歌、会前破冰活动 | 班长带头，重复三次，统一口号 | 15秒完成 |

续表

| 序号 | 阶段名称 | 工作内容 | 实施标准 | 时间要求 |
|---|---|---|---|---|
| 3 | 班前会 | （3）宣布班前会开始，公布上班现场情况和存在的问题，如产量、质量、安全、设备、环境、交接班情况等，并对存在的不足和要求的整改措施进行讲解分析 | 简洁扼要，数据为主，着重强调问题 | 1分钟 |
| | | （4）学习公司文件或会议精神，传达部门（车间）要求 | 文件学习要有记录和人员签到 | 2分钟 |
| | | （5）工作部署，今日生产品种、产量、质量及时间要求，依据当班工作内容向组员进行安全预知教育及注意事项和可能发生的问题与对策 | 工作布置要按5W1H要求表述清晰明确并与员工确认，安全预知要针对实际生产有针对性 | 1分钟 |
| | | （6）安全工作提醒宣贯，事故通报、岗位规程、应急预案、危险源讲解、异常情况处理等 | 要求每班内容都不一样，每两周可重复强调一次 | 1分钟 |
| | | （7）宣传和讲解生产工作操作注意事项，明确注意的事项和处理方法 | 根据近一时期生产出现的问题给予强调 | 1分钟 |
| | | （8）班长带领齐喊口号或唱厂歌，宣布结束，员工签字确认后回岗位工作，班长按要求记录台账并放置于指定区域 | 班长带头，唱厂歌一遍或喊口号三遍，口号统一，声音整齐响亮，签字确认后方可回岗位，台账放置在指定区域 | 40秒 |

# 12.2 召开班后会

班后会是一天工作结束或告一段落，在下班前由班组长主持召开的一次班组会。班后会以讲评的方式，在总结、检查（某种意义上也是一次小的评比）生产任务的同时，总结、检查安全工作，并提出整改意见。班前会是班后会的前提与基础，班后会则是班前会的继续和发展。

## 12.2.1 班后会的基本要求

（1）班后会必须全员参加，对迟到或未参加班后会的人员，事后要及时补会。

如图12-2所示。

（2）班后会召开时间不要太长，通常为10分钟。

> 班后会，就当班的的生产信息等进行有效沟通

图 12-2　班后会

### 12.2.2　班后会的主要内容

班后会的主要内容如下。

（1）简明扼要地小结完成当天生产任务和执行安全规程的情况，既要肯定好的方面，又要找出存在的问题和不足。

（2）对工作中认真执行规程制度、表现突出的员工进行表扬；对违章指挥、违章作业的职工视情节轻重和造成后果的大小，提出批评或进行考核处罚。

（3）对人员安排、作业（操作）方法、安全事项提出改进意见，对作业（操作）中发生的不安全因素、现象提出防范措施。

（4）要全面、准确地了解实际情况，使总结讲评具有说服力。

（5）注意工作方法，做好"人"的思想工作。以灵活机动的方式，激励员工安全工作的积极性，增强自我保护能力，帮助他们端正态度，克服消极情绪，以达到安全生产的共同目的。

## 12.3　班前班后会安全记录

安全记录是以书面的形式记录会议的情况，以便跟踪和了解。不管是班前会还是班后会，都一定要有记录。以下提供一些记录表供参考，见表12-2至表12-5。

表 12-2 班前会记录

班组负责人：

| 班前会时间： | 年 月 日 时 分 | 地点： |
| --- | --- | --- |
| 班组负责人： | | 记录人： |

| 当日工作任务 | |
| --- | --- |
| 任务现场危害识别 | 备注：①液体；②气体；③温度；④压力；⑤可燃性；⑥腐蚀性；⑦毒性；⑧辐射性；⑨高处；⑩其他（请注明） |
| 布置安全措施及交代安全注意事项 | 备注：<br>A 清理：A1 氮气置换；A2 空气吹扫；A3 化学清洗；A4 水洗；A5 蒸煮；A6 泄压；A7 排气；A8 排液；A9 其他（请注明）；A10 气体检测合格<br>B 隔离：B1 双重隔离；B2 双隔断阀；B3 单隔断阀；B4 其他（请注明）；B5 已上锁挂牌<br>C 液、气泄漏的控制设备：C1 抽吸系统；C2 通风系统；C3 安全冲淋；C4 消防设施设备；C5 水管；C6 泄漏收集桶；C7 砂袋；C8 吸油物品；C9 连接火炬；C10 区域隔离或警戒线；C11 其他（请注明）<br>D 个人防护装备：D1 防静电服装；D2 安全帽；D3 安全鞋；D4 手套；D5 安全眼镜；D6 全封闭眼罩；D7 正压式呼吸器；D8 便携式硫化氢报警仪；D9 防毒面罩；D10 安全带；D11 耳罩；D12 化学防护服；D13 其他（请注明） |

| | 班长检查项目 | | 备注 |
| --- | --- | --- | --- |
| 检查衣着劳保 | 班组人员是否按劳动保护要求着装 | 是 □ 否 □ | |
| 检查健康状况 | 班组人员身体状况是否良好 | 是 □ 否 □ | |
| 检查安全工具及防护用品 | 安全帽是否符合要求 | 是 □ 否 □ | |
| | 安全带是否符合要求 | 是 □ 否 □ | |
| | 正压式空气呼吸器是否符合要求（压力、消毒） | 是 □ 否 □ | |
| | 便携式硫化氢报警器是否能正常使用 | 是 □ 否 □ | |
| | 绝缘手套、绝缘鞋是否合格 | 是 □ 否 □ | |
| | 护目镜（面罩）是否符合要求 | 是 □ 否 □ | |
| | 其他安全防护用品是否满足要求 | 是 □ 否 □ | |
| 检查工作环境 | 工作间是否整洁 | 是 □ 否 □ | |
| 检查作业工具 | 检查作业工器具是否符合作业要求 | 是 □ 否 □ | |
| 班组人员签名 | | | |

表12-3 班后会记录

| 班后会时间： | 年 月 日 时 分 | 地点： | |
|---|---|---|---|
| 班组负责人： | | 记录人： | |
| 工作完成情况 | | | |

| 当日安全自查情况 | | 备注 |
|---|---|---|
| （1）有无违章指挥现象 | 有 □  无 □ | |
| （2）有无违章作业现象 | 有 □  无 □ | |
| （3）有无违反现场劳动纪律现象 | 有 □  无 □ | |
| （4）有无不懂操作、不会操作现象 | 有 □  无 □ | |
| （5）班组人员施工中有无精神、行为上的异常现象 | 有 □  无 □ | |
| （6）劳动防护用品有无异常现象 | 有 □  无 □ | |
| （7）安全工器具有无异常现象 | 有 □  无 □ | |
| （8）施工工器具有无异常现象 | 有 □  无 □ | |
| （9）施工工器具有无遗失现象 | 有 □  无 □ | |
| （10）作业环境有无异常变化现象 | 有 □  无 □ | |
| （11）安全措施是否按工作票执行 | 是 □  否 □ | |
| （12）工作过程中监护是否到位 | 是 □  否 □ | |
| （13）现场危险点分析是否正确到位 | 是 □  否 □ | |
| （14）工作完成是否清理工作现场 | 是 □  否 □ | |

| 工作小结 | |
|---|---|
| 班组人员签名 | |

班组负责人：

表 12-4　班组班前安全活动记录表

| 班组名称 | | 参加人数 | | 作业部位 | |
|---|---|---|---|---|---|
| 工作内容 | | | | | |
| 安全措施及注意事项 | | | | | |
| 班组长签字 | | 记录人 | | 活动日期 | 年　月　日 |

**表 12-5　班前会及班后会记录卡**

单位名称：　　　班组：维护班　　　执行日期：　年　月　日

| | |
|---|---|
| 班前会 | 一、三交（在已执行项目后打"√"；不相关打"—"；空格表示未执行到位）<br>（1）交任务：a.工作票或安全施工作业票所列工作任务已宣讲清楚（　）；b.当日工作任务及分工明确并已交代清楚（　）<br>（2）交技术：a.工作票或安全施工作业票所列技术措施已宣讲清楚（　）；b.标准化作业指导书所列工作程序和技术措施已宣讲清楚（　）；c.补充技术措施（含工艺质量标准）已交代清楚（　）<br>（3）交安全：a.工作票或安全施工作业票所列安全措施已宣讲清楚（　）；b.标准化作业指导书相关内容已宣讲清楚（　）；c.补充安全措施（含危险点控制措施）已交代清楚（　）<br>二、三查（在合格项目后打"√"；有问题打"×"；不相关打"—"；空格表示未执行到位）<br>（1）查衣着：a.两穿一戴整洁规范（　）；b.工作服及内衣内裤不是化纤制品（　）；c.安全帽颜色及佩戴符合要求，下颏带松紧适度（　）；d.工作鞋符合本作业工种安全要求（　）<br>（2）查三宝：a.安全帽[××]项，三项永久性标志齐全，帽壳、帽衬、帽箍、顶衬、下颏带等附件完好无损，无老化现象（　）；b.安全带1付，有规范的合格标志，大带、小带、保护绳及挂钩完好无损，扣环保险装置完好，操作灵活（　）；c.安全网的设置符合规范要求（　）<br>（3）查精神状态：a.工作班成员睡眠充足，精力充沛（　）；b.工作班成员情绪正常（　）；c.工作班成员健康状态良好，未患有不适宜本次作业的病症（　）<br>　　工作（施工）负责人：　　安全负责人：　　　　月　日　时　分 |
| | 三交三查确认签字： |
| 班后会 | 三检查（在符合要求的项目后打"√"；不相关打"—"任一项不符合要求均不得报完工）<br>（1）人员任务完成情况：全体工作人员均已完成任务，并已按要求撤离工作岗位（　）<br>（2）工具材料是否遗漏：所带工具材料齐全，无遗漏现象（　）<br>（3）现场和设备是否清理干净：现场设备已清理干净（　）；应拆除的接地线已拆除（不包括工作许可人所作安全措施）（　）<br>　　工作（施工）负责人：　　　　安全负责人：　　　　月　日　时　分 |
| | 工作小结（工作负责人应认真总结当日工作情况，并实事求是地填写以下事项）<br>（1）遵章守纪情况（是否存在违、误现象）<br><br>（2）工作质量评价<br><br>（3）主要工作成绩及存在的主要问题<br><br>（4）工作变动及其他需要说明的问题<br><br>　　工作（施工）负责人：　　　　　　月　日　时　分 |

注：表中所列安全负责人指的是安全施工作业票上的安全负责人。

# 第13章 生产中安全督导

班组长安全管理培训手册

**引言**　　生产过程中的安全包括：人员安全、设备安全、产品安全。生产过程中的安全是指人不受到伤害，财产不受到损失，生产秩序稳定持续进行的正常状况。要确保生产过程中的安全，班组长要做好督导工作。

## 13.1 关注作业环境

作业环境是指工作场所中对操作人员的安全、健康和工作能力,以及对机器、设备(或某些部件、装置等)的正常运行产生重要影响的所有天然的和人为的因素的组合。

在意外事故的发生中环境因素不可忽视,通常脏乱的工作环境、不合理的工厂布置、不合理的搬运工具、采光与照明不好、危险的工作场所都容易造成事故发生,因而,班组长在安全防范中应对作业环境加以关注,对生产现场加以整理整顿,平时一定要留意以下事项。

(1)作业现场的采光与照明是否足够。
(2)通气状况是否良好。
(3)作业现场是否充满了碎铁屑与木块,是否会影响作业。
(4)作业现场的通道是否够宽,是否有阻碍物存在。
(5)作业现场的地板上是否有油或水,对员工的作业进行是否会产生影响。
(6)作业现场的窗户是否擦干净。
(7)防火设备是否能正常地发挥其功能,是否进行定期的检查。
(8)载货的手推车在不使用的时候,是否放在指定点。
(9)作业安全宣导的标语,是否贴在最引人注意的地方。
(10)经常使用的楼梯、货品放置台是否有摆置不良的地方。
(11)设备装置与机械是否有依安全手册置于最正确的地点。
(12)机械的运转状况是否正常,润滑油注油口是否有油漏到作业地板上。
(13)下雨天,雨伞与伞具是否放置在规定的地方。
(14)作业现场是否置有危险品,其管理是否妥善,是否做了定期检查。
(15)作业现场入口的门是否处于最容易开启的状态。
(16)放置废物与垃圾的地方,是否通风系统良好。
(17)日光灯的台座是否牢固,是否清理得很干净。
(18)电气装置的开关或插座是否有脱落的地方。
(19)机械设备的附属工具是否凌乱地放置在各处。
(20)上司的指示与注意点员工是否都能深入地了解,并依序执行。
(21)共同作业的同事是否能完全与自己配合。
(22)其他问题。

班组长在安全防范中应对作业环境加以关注,对生产现场加以治理整顿,营造一个良好的作业环境。

## 13.2 关注员工的状况

关注员工的状况是指在工作过程中班组长要注意观察员工，发现员工是否有身体不好、身心疲劳的现象。因为事故、灾害发生的原因之一，是由于员工身体状况不良，或超时作业所引起的身心疲劳，导致员工的精神无法集中在工作上，此时也是事故最容易发生的时刻。

班组长在安排作业时，一定要多加考虑员工的状况，千万不可为了赶工，而无理地要求员工做超时的作业，这是很危险的行为；员工在追求高效率作业时，也要适时地调整自己的身体状况，不可以将企业安排的休养时间，作过度刺激的娱乐活动，这样不但失去其意义，还会降低工作效率，在最糟时，更会发生悲惨的事故。

**案例**

最近车间的人都注意到女工唐霞工作状态很差，经常心不在焉，好像心事重重的。她若再继续这样下去的话，不但严重影响整条流水线的生产效率，还可能因为她的一时疏忽导致意外的发生。这天早晨，罗英实在是忍不住，问道："唐姐，你怎么啦？我看你这段时间好像有心事？""哦！没有什么，只是家里有点事。我父亲生病在床，这几天还有吐血现象。这几天我夜里睡不好，家里只有我这份收入，如果我在家照顾他的话就没钱治病，如果继续工作，我又放心不下。""唐姐，那你可要小心啦，要不你去打包那边吧，那边的活轻松一点，你这里我来帮你做。""不行，班长肯定不让的，他这人你又不是不知道！"正说着，班长赵刚过来了，"你们俩在说什么呢？我说唐霞，你这些天干活老是心不在焉的，这会儿该干活的时候你又在这里闲聊，我说你们女同志啊，怎么老是要我盯着才干活呢？罗英，你也快给我到你的位置上去，没事少在这里交头接耳的。"唐霞含泪低头继续干活，一见她这样，罗英也不敢再吱声，回到自己的工位上接着做。

当天晚上，唐霞与同事一起操作滚筒烘干机进行烘干作业。她在向烘干机放料时，被旋转的联轴节挂住裤脚口摔倒在地。待旁边的同事罗英听到呼救声后，马上关闭电源让设备停转下来，才使唐霞脱险，但她的腿部已严重擦伤。

安全生产工作从某种意义上说，是关心人的工作。在生产过程中要做到互相关心、互相帮助，才能避免事故发生，对那些性格内向或孤僻的人，班组长应主动接近他们、关心他们、帮助他们，以情感人，增强团结。对班组成员在作业中的情绪尤其要加以注意，不良情绪往往是事故的肇因。通常来说，班组长要留意以下事项。

（1）员工对作业是否持有轻视的态度。
（2）员工对作业是否持有开玩笑的态度。
（3）员工对上司的命令与指导是否持有反抗的态度。
（4）员工是否有与同事发生不和的现象。
（5）员工是否在作业时有睡眠不足的情形。
（6）员工身心是否有疲劳的现象。
（7）员工手、足的动作是否经常维持正常状况。
（8）员工是否经常有轻微感冒或身体不适的情形。
（9）员工对作业的联系与作业报告是否有怠慢的情形发生。
（10）员工是否有心理不平衡或担心的地方。
（11）员工是否有穿着不整洁的作业制服与违反公司规定的事项。
（12）其他问题。

班组长一定不能把员工当机器，平常就要多观察员工，了解员工的身体状况，当员工身体不良时要关心、帮助。

## 13.3 督导员工严格执行安全操作规程

安全操作规程是为了保证安全生产而制定的，操作者必须遵守的操作活动规则。

安全操作规程是前人在生产实践中摸索得来的，甚至是用鲜血换来的经验教训，它集中反映了生产的客观规律，因此，班组成员对于安全操作规程必须认真执行，不能随意违反和破坏，否则，就会发生安全事故，受到客观规律的惩罚。

**案例**

自从前几次活动之后，班长陈杰和王刚、李明之间的距离拉近了不少，他们开始喜欢和他谈心，而且工作积极性越来越高了。"班长，我发现那个冷凝器这些天好像一直在漏油，要不这两天我和阿明一起去把它给焊一下？"周末快要下班时，王刚向班长陈杰主动请缨。"好啊，难得你们想到了。不过电焊时对周围的条件是有要求的，你要找安全部门开张动火票才可以动手去做。""明天就是周末了，我刚才看到安全部门的经理已经出去了，要不我们就先焊了吧，等下个星期回来再补动火票不就行了,这样把冷凝器补好了,也不耽误生产部下个星期的生产,还省得他们老是催。""这样啊,那你们一定要小心,注意安全。做之前要按照动火票上的要求全部检查符合条件之后才可以开始,一定要记住!""你就放心去休假吧,我们一定搞好。"王刚和李明笑着说。看到他们这么努力,陈杰打心底里高兴,哼着歌下班回家了。"班长走了,我们来检查一下吧,明天好加班干活儿。""李明,你就别折腾了,我们上次不也是这样嘛,还有什么好检查的,你真是!走走走,吃饭去。"

第二天,二人在烧焊时,未按操作规程要求在烧焊区域先泼水形成隔离带,也未准备灭火器在旁以备不时之需。由于溅出的火星将冷凝器中的漏油燃烧起来,后又因烧焊的地方二人没有按要求准备灭火器,且二人在情急之下又未能正确使用消防水枪,以致在水压过大的情况下消防水管爆裂无法灭火。结果火势上升很快,在很短的时间内燃烧到周围的锅炉房外的冷却水塔(内有易燃材料),将整个冷却水塔烧穿,造成经济损失20万元以上。这件事情不但让他们自己遭到公司的除名,还连累了他们敬爱的班长陈杰。

企业为了贯彻安全生产的方针和政策,以确保职工的生产安全和身体健康的需要,制定出一套符合安全要求的操作规程,再投入生产过程中去指导操作,通过一定时间的实践修改和补充,以使安全操作规程更趋完善。明确了安全操作规程,最关键的问题是用什么样的态度去实践呢?一般会出现两种情况:一种是无视规程,依然我行我素不吸取教训;另一种是严格遵守,自觉执行。大家一定都倡导后者,那么如何才能做到严格遵守和认真执行呢,具体如下。

### 13.3.1 在操作过程中要保持精力集中

人的操作动作不仅要通过大脑的思考,还要受心理状态的支配,如果心理状态不正常,自然精力也不会高度集中,在操作过程中就会出现操作方法不当而发生事故。为此,要求操作人员一定要始终保持精力旺盛、情绪饱满;热爱本职工作,做到兴趣浓厚;要有高度责任心,做到能确保安全;要仔细观察和思考判断,从而保持清醒的头脑去操作;要理智地控制自己的情绪,避免外来因素的干扰而分散注意力等。

### 13.3.2 在操作中要认真做到文明操作

文明操作是确保安全操作的重要组成部分,要求做到明确任务要求,熟悉所需原料性质,检查设备及其防护装置有无异常现象,排除设备周围的阻碍物品,力求做到准备充分,避免中途分散注意;保持生产现场的秩序井然,遵守劳动纪律,不得中途擅离岗位而让设备运转,不得一边操作一边做其他的事,更不得让不懂操作的人员操作。

操作中出现突发情况,也是正常现象,班组长千万不能过分紧张和急躁,一定要冷静对待和善于处理,才不会酿成操作差错而产生事故。杜绝麻痹、侥幸、对不安全因素熟视无睹,抱着侥幸过日子,让每个人都能从自身做起,把安全放在第一位,真正做到高高兴兴上班来,平平安安回家去。

班组长要经常观察员工是否按安全操作规程操作,若没有,及时指出、纠正,如果员工不听,可以按照公司的纪律规定对其加以处罚。

## 13.4 监督员工严格遵守作业标准

作业标准是为了保证在规定的成本、规定的时间内,安全地、保质保量地完成产品所制定的作业方法。

经验证明,绝大多数的安全事故与违章操作有关,因此严格要求员工遵守标准是避免安全事故发生的一个有效手段。在制定操作标准的过程中,已经充分地考虑了安全方面的因素,违章操作很可能导致安全事故发生。

**案例**

"彭杰越,来加工一下这几个配件,我下午过来拿。你看过标准作业指导书了吧?有没有什么不会的地方?就挂在那里,不会的地方随时再认真看看。"班长陈杰拿着几个配件过来交给彭杰越。"看过了,挺明白的。"不一会,他就压好了两个了。这一个比之前的两个厚一些,彭杰越看也不看,据了一下,也不抬高矫正机头换用厚尺寸的压铁,直接就将一块长300毫米、厚60毫米的铁件往机头里面送去。只伸进30毫米时,便磕到机头上了,顿时垫铁和被压件同时被压偏挤飞,垫铁将彭杰越的眼部击伤。

作业标准是前人经验与智慧的结晶,然而,就像人为了自己方便常常存在忽视的倾向,作业人员往往会轻视每天周而复始的作业标准,由此就会形成事故的萌芽。

这种情形好比开车时超车一样。当你想超车时,为了超过其他车辆,往往会忽视速度限制(就是为确保行车安全所设的速度标准),结果撞车事故就会不断发生。

同样的道理,在作业场所之内,如果不严格遵守作业标准,纵然一时未发生伤亡事故,但终究存在事故隐患。所以,对于任何作业标准,员工都要认真遵守。

对于班组长而言,要现场指导跟踪确认。做什么?如何做?重点在哪里?班组长应该对他的组员传授到位。仅教会还不行,还要跟进确认一段时间,看看组员是否真会、结果是否稳定,如果只是口头交代,甚至没有去跟踪的话,那这种标准执行起来也是不会成功的。如日本有一首民谣:"没说的,我不知道;说过的,我起码记得;做过的,才是我的本领。"

## 13.5　监督员工穿戴劳保用品

劳动保护用品,是指保护劳动者在生产过程中的人身安全与健康所必备的一种防御性装备,对于减少职业危害起着相当重要的作用。

劳保用品的最大作用就是保护员工在工作过程中免受伤害或者防止形成职业病,但实际生产中员工对此意义理解不够,认为劳保用品碍手碍脚,是妨碍工作的累赘。这样,就要求班组长持续不断地加强教育,严格要求,使之形成习惯,决不能视而不见。

**案例**

> 某纺织厂有个规定,试车的时候不能戴手套。李明是厂里的老员工,多次被厂里评为优秀员工,有很丰富的工作经验。也许正是这些经验让这位德高望重的老员工存在一种侥幸的心理,经常在试车的时候违规戴手套。碍于情面,班长赵军也不好说他什么,就私下叫王刚去提醒他注意一些。王刚刚说完,李明满不在乎地说:"放心了,不会有什么问题的,我吃的盐比你吃的饭还多呢!"
>
> 结果,手套绞入了机器里面,把手也带了进去,随之,一幕惨剧发生了,鲜红的血洒了一地。也许正是这丰富的工作经验让他存有一定的侥幸心理,认为自己不会出事,事故离他很远。

### 13.5.1　劳保用品的种类

劳保用品在预防职业危害的综合措施中,属于第一级预防部分,当劳动条件尚不能从设备上改善时,还是主要防护手段。在某些情况下,如发生中毒事故或设备检修时,合理使用劳保用品,可起到重要的防护作用。

劳动防护用品按照防护部位分为十类,具体见表13-1。

表13-1 劳动防护用品的分类

| 序号 | 类别 | 作用 |
| --- | --- | --- |
| 1 | 安全帽类 | 用于保护头部,防撞击、挤压伤害的护具,主要有塑料、橡胶、玻璃、胶纸、防寒和竹藤安全帽,如图13-1所示。 |
| 2 | 呼吸护具类 | 预防尘肺和职业病的重要护品,按用途分为防尘、防毒、供养三类,按作用原理分为过滤式、隔绝式两类 |
| 3 | 眼防护具 | 用以保护作业人员的眼睛、面部,防止外来伤害,分为焊接用眼防护具、炉窑用眼防护具、防冲击眼防护具、微波防护具、激光防护镜以及防X射线、防化学、防尘等眼防护具 |
| 4 | 听力护具 | 长期在90分贝(A)以上或短时在115分贝(A)以上环境中工作时应使用听力护具,听力护具有耳塞、耳罩和帽盔三类,听力保护系列产品有低压发泡型带线耳塞、宝塔型带线耳塞、圣诞树型耳塞、圣诞树型带线耳塞、带线型耳塞、经济型挂安全帽式耳罩、轻质耳罩、防护耳罩等,如图13-2所示 |
| 5 | 防护鞋 | 用于保护足部免受伤害,目前主要产品有防砸、绝缘、防静电、耐酸碱、耐油、防滑鞋等 |
| 6 | 防护手套 | 用于手部保护,主要有耐酸碱手套、电工绝缘手套、电焊手套、防X射线手套、石棉手套等 |
| 7 | 防护服 | 用于保护职工免受劳动环境中的物理、化学因素的伤害,防护服分为特殊防护服和一般作业服两类 |
| 8 | 防坠落护具 | 用于防止坠落事故发生,主要有安全带、安全绳和安全网 |
| 9 | 护肤用品 | 用于外露皮肤的保护,分为护肤膏和洗涤剂 |
| 10 | 面罩面屏 | 用于脸部的保护,有防护屏、防护面屏、ADF焊接头盔等 |

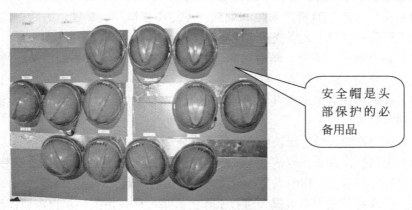

安全帽是头部保护的必备用品

图13-1 安全帽

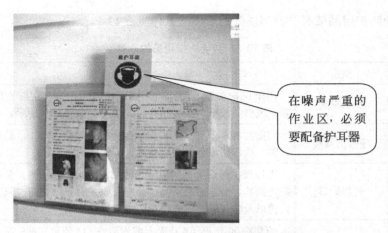

图13-2 在噪声严重作业区要配备护耳器

### 13.5.2 劳保用品的发放标准

防护用品的发放标准如下。

（1）有下列情况之一的，工厂应该供给工人工作服或者围裙，并且根据需要分别供给工作帽、口罩、手套、护腿和鞋盖等防护用品。

——有灼伤、烫伤或者容易发生机械外伤等危险的操作。

——在强烈辐射热或者低温条件下的操作。

——散放毒性、刺激性、感染性物质或者大量粉尘的操作。

——经常使衣服腐蚀、潮湿或者特别肮脏的操作。

（2）在有危害健康的气体、蒸气或者粉尘的场所操作的人员，应该由工厂分别供给适用的口罩、防护眼镜和防毒面具等。

（3）工作中产生有毒的粉尘和烟气，可能伤害口腔、鼻腔、眼睛、皮肤的，应该由工厂分别供给工人漱洗药水或者防护药膏。

（4）在有噪声、强光、辐射热和飞溅火花、碎片、刨屑的场所操作的人员，应该由工厂分别供给护耳器、防护眼镜、面具和帽盔等。

（5）经常站在有水或者其他液体的地面上操作的人员，应该由工厂供给防水靴或者防水鞋等。

（6）高空作业人员，应该由工厂供给安全带。

（7）电气操作人员，应该由工厂按照需要分别供给绝缘靴、绝缘手套等。

（8）经常在露天工作的人员，应该由工厂供给防晒、防雨的用具。

（9）在寒冷气候中必须露天进行工作的人员，应该由工厂根据需要供给御寒用品。

（10）在有传染疾病危险的生产部门中，应该由工厂供给员工洗手用的消毒剂，所有工具、工作服和防护用品，必须由工厂负责定期消毒。

（11）产生大量一氧化碳等有毒气体的工厂，应该备有防毒救护用具，必要的时候应该设立防毒救护站。

作为班组长，一定要对本工厂、本车间在哪些条件下使用何种劳保用品有一定的了解，同时，对各种劳保用品的用途也要有所了解，当员工不按规定穿戴劳保用品时，可以将公司的规定搬出来讲，也可以向他解释穿戴劳保用品的好处和不穿戴的坏处。如图13-3、图13-4所示。

图13-3　穿戴劳保用品进行相关防护

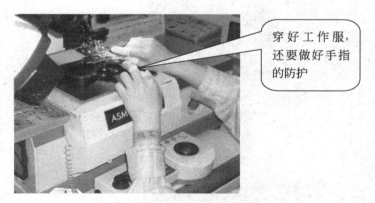

图13-4　某些工位做好手指防护

## 13.5.3　监督并教育员工按照要求佩戴和使用劳保用品

 **案例**

某煤机厂职工小刘正在摇臂钻床上进行钻孔作业。测量零件时，小刘没有关停钻床，只是把摇臂推到一边，就用戴手套的手去搬动工件，这时，飞速旋转的钻头猛地绞住了小刘的手套，强大的力量拽着小刘的手臂往钻头上缠绕。小刘一边喊叫，一边拼命挣扎，等其他工友听到喊声关掉钻床，小刘的手套、工作服已被撕烂，右手小拇指也被绞断。

从上面的例子可以看到，劳保用品也不能随便使用，操作旋转机械最忌戴手套。所以，班组长一定要监督并教育班组成员按照使用要求佩戴和使用劳保用品（如图13-5、图13-6所示）。在佩戴和使用劳保用品时，要防止发生以下情况。

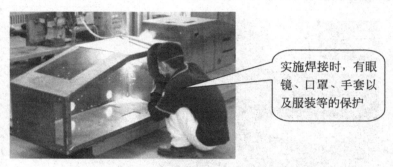

图13-5　正确穿戴劳保用品（一）

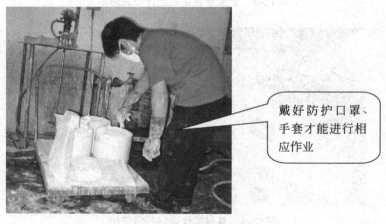

图13-6　正确穿戴劳保用品（二）

（1）从事高空作业的人员，不系好安全带发生坠落。

（2）从事电工作业（或手持电动工具）不穿绝缘鞋发生触电。

（3）在车间或工地不按要求穿工作服，或虽穿工作服但穿着不整齐，敞着前襟、不系袖口等，造成机械缠绕。

（4）长发不盘入工作帽中，造成长发被机械卷入。

（5）不正确戴手套。有的该戴的不戴，造成手的烫伤、刺破等伤害，有的不该戴的而戴了，造成卷住手套带进手去，甚至连胳膊也带进去的伤害事故。

（6）不及时佩戴适当的护目镜和面罩，使面部和眼睛受到飞溅物伤害或灼伤，或受强光刺激，造成视力伤害。

（7）不正确戴安全帽。当发生物体坠落或头部受撞击时，造成伤害事故。

（8）在工作场所不按规定穿用劳保皮鞋，造成脚部伤害。

（9）不能正确选择和使用各类口罩、面具，不会熟练使用防毒护品，造成中毒伤害。

## 13.6 做好交接班工作

交接班是指在倒班作业中，作业人员工作的移交和接替，以保证生产过程的连续性。

在倒班作业中，应每天及时做好交接班工作。上一班的班组长应将班中的生产情况、设备状况、安全隐患等信息正确传达给下一班的班组长，以便使下一班班组长正确掌握情况，避免出现上一班有隐患而未做整改，造成下一班操作失误酿成事故。

### 13.6.1 交接班的内容

交接班的主要内容如下。
（1）交班人向下一班交代清楚当班的简要情况及下一班应该注意的问题。
（2）交班人交代清楚现场环境的安全情况。
（3）交班人交代本班设备及其他需要特别注意的问题。
（4）交班人要确认接班人清楚明白所交代的情况，且无遗漏事项后，做好当班记录和交接班记录。
（5）班组开好班后安全小结会，评讲本班安全生产情况。
（6）接班人认真检查环境、设备情况和上班运行记录，确认正常后方可开始作业。
（7）接班人作业前，对设备进行试运行，以确认安全。

### 13.6.2 交班要求

（1）交接班时间通常为15分钟。
（2）交接前，上一班必须将生产指标控制在规定范围内，消除异常情况。

（3）交接班记录填写齐全，如各种生产指标和计划完成情况、设施设备情况、事故异常情况、需要接班人员注意的情况。

（4）交接前岗位卫生清洁，工具齐全，为下一生产班组做好生产准备工作。

（5）交班人向接班人员详细解释交接班记录，并指出重点。

交班时的"三不交班""二不离开"如图13-7所示。

**三不交班**
- 出现事故未处理完不交班，否则接班人员不能及时排除故障，带病作业
- 接班人员未到岗不交班，否则形成空岗
- 接班人员没有在交接班记录上签字不交班，否则发生问题责任不清

**二不离开**
- 班后总结会不开不离开
- 事故分析会未开完不离开

图13-7 "三不交班""二不离开"

### 13.6.3 接班要求

（1）接班人员应提前10分钟到岗，留出交接时间，保证交班人员准时下班。

（2）听取交班人员解释交接班记录，检查上岗前的准备情况，各个岗位的人员要将检查情况汇总到班组长处，在记录上签字，以示交接职责。

接班时的"三不接班"要求如图13-8所示。

**三不接班**
- 岗位检查不合格暂时不接班，与交班人员一起解决问题
- 出现事故未处理完不接班
- 交班人员不在现场不接班，在准备作业的同时，等候领导的安排

图13-8 "三不接班"要求

### 13.6.4 交接班记录

交接班时双方班组长应在交接班记录本上进行签名确认。交接班记录可以设计成表格形式（见表13-2、表13-3），具体应涵盖如下内容。

(1) 生产完成情况。
(2) 设备运行情况（包括故障及排除情况）。
(3) 安全隐患及可能造成的后果。
(4) 其他应注意的事项等。

表 13-2　交接班记录表

| 日　期 | 年　月　日 | 时　间 | 时　分 |
|---|---|---|---|
| 交班人 | | 接班人 | |
| 生产完成情况 | | | |
| 设备运行情况 | | | |
| 安全隐患及可能造成的后果 | | | |
| 其他 | | | |

表 13-3　班组现场安全管理及隐患排查交接班表

班组：　　　　　　　交班时间：　年　月　日　时　分
交班人员：　　　　　接班人员：

| 序号 | 排查内容 | 排查结果 | | 隐患情况 | 当班处置情况 | 备注 |
|---|---|---|---|---|---|---|
| | | 是 | 否 | | | |
| 1 | 设备设施、工具、附件是否有缺陷 | | | | | |
| 2 | 设备设施安全防护装置是否良好 | | | | | |
| 3 | 安全运行技术参数是否符合规定 | | | | | |
| 4 | 劳动防护用品是否按规定佩戴 | | | | | |
| 5 | 是否按操作规程作业 | | | | | |
| 6 | 作业区域的安全通道、警示标志、消防设施、危险物品等是否符合要求 | | | | | |
| 7 | 是否存在违章指挥、违章作业、违反劳动纪律 | | | | | |
| 8 | 应急措施是否落实 | | | | | |
| 9 | 其他 | | | | | |

总而言之，交接班对班组搞好安全管理至关重要，要作为班组必须坚持的基础安全工作。在现实工作中有许多由于交接班工作不到位而引发的安全事故。对于班组来说，交接班是正常工作的一个不可缺少的环节。

## 13.7　开展班组安全生产巡查

安全生产巡检是指对生产过程及安全管理中可能存在的隐患、有害与危险因素、缺陷等进行查证,以确定隐患或有害与危险因素、缺陷的存在状态,以及它们转化为事故的条件,以便制定整改措施,消除隐患和有害与危险因素,确保生产安全。

### 13.7.1　为什么需要检查

进行生产的工作场所,原材料在流动,机器在运作,作业者在动作,一切流动和固定的物质以及作业者的状态都在变化。班组长对这些变化,不容易分清的问题是——把异常状态看作正常现象。班组长对这种异常事故或灾害需要及早发现并加以纠正而恢复正常。

比如工作场所由于人和物不停地动,所以机械设备、治工具等,在崭新的时候能够保持正常状态,但随着时间的推移要磨损和老化,因此对工作场所的人和物的不安全地方和因素,需要随时和定期进行检查和提出来,并加以改进或纠正,这就是安全检查。

### 13.7.2　班组长安全检查的内容

班组长安全检查的内容见表13-4。

表13-4　班组长安全检查的内容

| 序号 | 项目 | 具体检查内容 |
| --- | --- | --- |
| 1 | 班组成员的责任心 | 检查班组成员是否树立了"安全第一"的思想,安全责任心是否强;是否掌握了安全操作技能和自觉遵守安全技术操作规程以及各种安全生产制度;对于不安全的行为是否敢于纠正和制止;是否严格遵守劳动纪律,是否做到安全;是否正确、合理穿戴和使用个人防护用品、用具 |
| 2 | 有关安全生产的方针政策和法规制度的执行情况 | 检查本班组是否贯彻了国家有关安全生产的方针政策和法规制度,对安全生产工作的认识是否正确;是否建立和执行了班组安全生产责任制;是否贯彻执行了安全生产"五同时";对伤亡事故是否坚持做到了"三不放过";特种作业人员是否经过培训、考核,凭证操作;班组的各项安全规章制度是否建立、健全,并严格贯彻执行 |

续表

| 序号 | 项目 | 具体检查内容 |
|---|---|---|
| 3 | 检查生产现场是否存在物的不安全状态 | （1）检查设备的安全防护装置是否良好：防护罩、防护栏（网）、保险装置、连锁装置、指示报警装置等是否齐全、灵敏有效，接地（接零）是否完好<br>（2）检查设备、设施、工具、附件是否有缺陷：制动装置是否有效；安全间距是否符合要求；机械强度、电气线路是否老化、破损；超重吊具与绳索是否符合安全规范要求；设备是否带"病"运转和超负荷运转<br>（3）检查易燃易爆物品和剧毒物品的储存、运输、发放和使用情况：是否严格执行了制度；通风、照明、防火等是否符合安全要求<br>（4）检查生产作业场所和施工现场有哪些不安全因素：有无安全出口；登高扶梯、平台是否符合安全标准；产品的堆放、工具的摆放、设备的安全距离、操作者安全活动范围、电气线路的走向和距离是否符合安全要求；危险区域是否有护栏和明显标志等 |
| 4 | 检查员工在生产过程中是否存在不安全行为和不安全的操作 | （1）检查有无忽视安全技术操作规程的现象：比如，操作无依据、没有安全指令、人为地损坏安全装置或弃之不用；冒险进入危险场所，对运转中的机械装置进行注油、检查、修理、焊接和清扫等<br>（2）检查有无违反劳动纪律的现象：比如，在工作时间开玩笑、打闹、精神不集中、脱岗、睡岗、串岗；滥用机械设备或车辆等<br>（3）检查日常生产中有无误操作、误处理的现象：比如，在运输、起重、修理等作业时信号不清、警报不鸣；对重物、高温、高压、易燃、易爆物品等作了错误处理；使用了有缺陷的工具、器具、起重设备、车辆等<br>（4）检查个人劳动防护用品的穿戴和使用情况：比如，进入工作现场是否正确穿戴防护服、帽、鞋、面具、眼镜、手套、口罩、安全带等；电工、电焊工等电气操作者是否穿戴过期绝缘防护用品、使用超期防毒面具等 |

## 13.7.3 班组安全检查表

企业都有各种安全检查表，但在班组建立起安全检查表制度的还为数不多，为了能有效实施，在班组内应当有一定格式和内容的安全检查表。

通常情况下，安全检查表中应包括检查项目或检查点、检查标准、检查结果、处理情况、检查人和检查日期。这些表格中的项目都比较好理解，班组长可结合实际情况从这些方面考虑确定安全检查表格式，然后实施。以下提供三份班组安检查表供参考，见表13-5至表13-7。

表13-5 班组安全生产日常检查表

| 检查内容\结果 | 日期 | ___日 | | ___日 | | ___日 | | ___日 | | ___日 | | ___日 | |
|---|---|---|---|---|---|---|---|---|---|---|---|---|---|
| | | 上午 | 下午 | 上午 | 下午 | 上午 | 下午 | 上午 | 下午 | 上午 | 下午 | 上午 | 下午 |
| 机械操作员是否违反操作规程 | | | | | | | | | | | | | |
| 机械危险部位是否有安全防护装置 | | | | | | | | | | | | | |
| 机械防护装置是否安全有效 | | | | | | | | | | | | | |
| 机械设备是否有操作规程标志 | | | | | | | | | | | | | |
| 员工是否按要求佩戴防护用品 | | | | | | | | | | | | | |
| 员工是否按要求着装 | | | | | | | | | | | | | |
| 员工是否把饮食物品带入车间 | | | | | | | | | | | | | |
| 货物摆放是否整齐、平稳、不超高 | | | | | | | | | | | | | |
| 货物是否堵塞灭火器材和信道 | | | | | | | | | | | | | |
| 工作台电线、插头是否有裸露、脱落 | | | | | | | | | | | | | |
| 测试仪是否有绝缘防护 | | | | | | | | | | | | | |
| 员工工位是否被货物或台凳堵塞 | | | | | | | | | | | | | |
| 车间照明、通风、温度是否正常 | | | | | | | | | | | | | |
| 电源线路、开关掣是否正常 | | | | | | | | | | | | | |
| 危险品是否贴有中文标志 | | | | | | | | | | | | | |
| 是否用有盖压力瓶装危险液体 | | | | | | | | | | | | | |
| 危险品是否远离火源、热源 | | | | | | | | | | | | | |
| 岗位上是否放有过量的危险品 | | | | | | | | | | | | | |
| 电烙铁、风筒是否符合安全要求 | | | | | | | | | | | | | |
| 员工是否经过岗位安全培训 | | | | | | | | | | | | | |
| 员工是否违反工作纪律 | | | | | | | | | | | | | |

说明：请根据检查情况在"结果"栏内打"√"或"×"，有问题及时整改，并作好记录，如无法整改的要立即向部门主管报告，直到问题解决为止

班组负责人：_____ 部_____组_____

检查人：_____ 部门安全员：_____

表 13-6 班组日常安全检查表

年　月　日（星期　）

| 序号 | | 检查内容 | 检查结果 | | 检查问题记录 | 检查备注情况 |
| --- | --- | --- | --- | --- | --- | --- |
| | | | 白班 | 夜班 | | |
| 班前检查（上班时检查并填写记录） | 1 | 员工是否正确穿戴劳动保护用品 | | | | |
| | 2 | 员工无酒后上班，精神状态良好 | | | | |
| | 3 | 环境安全、卫生，通道畅通 | | | | |
| | 4 | 设备安全连锁、防护、信号、仪表监测、电气线路安全有效 | | | | |
| | 5 | 设备润滑情况达到规定，紧固件、螺丝无松动 | | | | |
| | 6 | 设备试运转正常完好、无异常 | | | | |
| | 7 | 易燃易爆按规定存储放置，场所安全无危险 | | | | |
| | 8 | 各类工装、工具、废品、废料等物品按要求分类整齐摆放且稳妥安全 | | | | |
| 班中检查（工作中发现问题，完工时填写） | 9 | 员工正确操作、使用工装、工具、设备、防护用具（品），无违反操作规程或野蛮操作以及不安全行为 | | | | |
| | 10 | 员工无串岗或其他违反劳动纪律现象 | | | | |
| | 11 | 生产厂所及周围环境无不安全因素或状态，各类工装、工具、废品、废料等物品按要求分类整齐排放 | | | | |
| | 12 | 员工操作设备运行正常，设备不超温、超压、超负荷运转 | | | | |
| | 13 | 设备无震动、异响、异味情况，无跑、冒、滴、漏现象 | | | | |
| | 14 | 特种作业人员必须持证上岗 | | | | |
| 班后检查（交班下班时填写） | 15 | 下班时必须做好交接工作，不留安全隐患 | | | | |
| | 16 | 设备无损伤，部件完好无缺失；安全防护装置完好 | | | | |
| | 17 | 按工作要求做好设备、场地清洁，分类摆放整齐各类物品，环境安全 | | | | |
| | 18 | 是否关好门窗 | | | | |
| 安全隐患上报 | | 发现何种自行整改不了的安全隐患，是否已上报部门安全员 | | | | 上报给了： |
| 检查人 | | 白班：　　　夜班： | | | | |
| 备注 | | 无问题在检查结果栏内打"√"，有问题在检查结果栏打"×"，并在检查问题记录写明，并进行整改，在整改情况备注栏写明整改完成情况，不能自行整改的当班立即上报部门安全员 | | | | |

第13章　生产中安全督导

表 13-7　班组安全检查表

班组名称：　　　　　　　　检查人：　　　　　　　年　　月　　日

| 检查项目 | 检查内容 | 检查情况 | 整改措施 | 整改时间 | 责任人 | 验收人 | 备注 |
| --- | --- | --- | --- | --- | --- | --- | --- |
| 班前 | 正确使用劳护用品（具） | | | | | | |
| | 设备设施护件护罩齐全可靠，设备设施各系统良好、正常，无漏电、漏气现象 | | | | | | |
| | 安全通道保持畅通、整洁 | | | | | | |
| 班中 | 严格遵守安全操作规程 | | | | | | |
| | 无"三违"（违章指挥、违章作业、违反劳动纪律）现象发生 | | | | | | |
| 班后 | 关闭水、电、气源及设备设施系统 | | | | | | |
| | 刀头、刀架退到安全区域；各类刀、量、辅、夹具按规定摆放到位 | | | | | | |
| | 对设备设施各部位进行维护保养；作业环境保持清洁卫生 | | | | | | |

注：符合项填"√"；不符合项需对查出的问题或隐患列出整改措施和时间。

# 第四篇
## 安全生产事故防范

班组长安全管理培训手册

# 第14章 安全生产事故的原因

**引言** 造成生产安全事故的原因主要有:人的不安全行为、物的不安全状态、环境的原因、管理上的缺陷。为了避免生产事故的发生,班组长必须掌握所在作业场所的不安全原因并采取相应的措施加以预防。

# 14.1 安全的"多米诺骨牌"效应

多米诺骨牌是一种用木、骨或塑料制成的长方形骨牌,玩时将骨牌按一定间距排列成行,轻轻碰倒第一枚骨牌,其余的骨牌就会产生连锁反应,依次倒下。

见过多米诺骨牌演示的人都有这样一种感受,那就是人们花费几个小时,甚至更长时间精心布置的连续竖立牌体,往往遇到一个小小的触碰后,便会在顷刻之间,以排山倒海之势倒落,且无一幸免。如图14-1所示。

图14-1 "多米诺骨牌"效应

其实,在工厂的安全生产事故中,往往也存在这样的多米诺骨牌效应:因为一个小小的违章操作,就可能引发一连串的安全事故。

 **案例**

2011年夏季的某一天,当日早班6:00,天已放亮。水处理岗位当班操作人员因为2#阳床失效,需要放98%的高浓度硫酸到酸计量箱准备对2#阳床进行再生。硫酸是从高处的千吨大酸缸通过一根DN50的碳钢管直接引放下来的,大酸缸底部有一个根部阀,靠近水处理车间的堡坎处有一个紧急事故阀,酸计量箱顶部安装了一个开关阀。酸计量箱高1.5米,计量箱附近的平台处有一个水泥墩子,方便操作人员站上去操作开关阀。

水处理车间《安全生产操作规程》对放酸操作有如下两条明文规定。

第一条,放酸时,操作人员必须在酸计量箱附近观察液位,不得擅自离开。

第二条,正常情况下,酸计量箱的液位最高放至1.2米处时就必须关闭开关阀;检修时关闭紧急事故阀;如果两个阀门都无法关闭,应通知主控室人员关闭大酸缸根部阀。

操作人员将酸计量箱顶部的开关阀打开后,违反安全生产操作规程的第一条,没有守候在酸计量箱旁边,而是急于完成工作,去反洗失效的阳床。反洗阳床一般需要15分钟的时间,而放酸至规定液位一般只需要5分钟的时间。操作人员在反洗阳床的中途，又去对投运的阳床取水样进行指标分析。分析完毕后，才想起还在放硫酸，急忙跑到酸计量箱附近查看，发现酸计量箱顶部已经在哗哗地溢流硫酸。

车间规定，如果被发现硫酸溢流，将作为安全事故处理，罚款当事人100元。为了免于处罚，避免被车间管理人员知晓，操作人员情急之下，又违反安全生产操作规程的第二条，既没有去关闭紧急事故阀，又没有通知主控室人员关闭大酸缸根部阀，而是冒着危险去关闭酸计量箱顶部的开关阀。

关闭开关阀时，操作人员没有采取任何防护措施，穿着沙滩鞋踩上水泥墩子，硫酸从顶部溢流而出，四处飞溅，操作人员在关阀门时又急又怕，惊慌失措之下，大量硫酸溅到裤子和脚背上，导致脚部严重烧伤，无法继续上班，无奈之下，操作人员打电话通知车间值班管理人员。此时，由于阳床反洗时间过长，中间水箱已经严重缺水，清水用量过大，又引起磺制酸三系统的主风机冷却水量不足，主风机温度急剧升高，差一点就造成磺制酸三系统和水处理系统停车。

因为一个小小的违规操作，导致发生了硫酸溢流事故、中间水箱缺水事故、清水箱缺水事故、磺制酸系统停车未遂事故和水处理系统停车未遂事故，同时造成了人身伤害事故，既严重影响了正常生产，又给本人带来了深重的痛苦。这就是安全事故中的多米诺骨牌效应，因为一个小小的操作失误，结果引发了一系列的安全事故。如果操作人员当时能够自觉遵守安全生产操作规程第一条，就可以避免硫酸溢流，从而杜绝其他事故的发生；如果操作人员当时能够遵守安全生产操作规程第二条，而不是自行冒着危险去关闭酸计量箱顶部的开关阀，也可以避免人身伤害事故的发生。

事故在带给我们切肤之痛的同时，也使我们清醒地认识到，一次轻微违反安全操作规定没有酿成事故，那是我们"撞上大运"，而绝不是盲目自得自乐的"本钱"。忽视安全细节，就等于放任安全隐患，发生事故是迟早的事，到那时就悔之晚矣。

只有我们每个人都真正树立"安全第一"的理念，坚持标准化作业，以持之以恒的态度，从点滴做起，从细节抓起，不断更新安全理念，摒除传统作业陋习，自觉养成良好的安全习惯，认真排查任何细小的安全隐患，严格堵塞"小漏洞"，自觉防止"小闪失"，才能真正从源头上控制和避免事故，有效杜绝安全生产中"多米诺骨牌现象"的发生。

**特别提示：**

要从点滴做起，从细节抓起，认真排查任何细小的安全隐患，严格堵塞"小漏洞"，自觉防止"小闪失"，从而防止大灾害。

## 14.2 引起生产事故的人与物

人是指生产活动中的作业人员,物是指与生产过程有关的设施、设备、通道、材料、空间等。

尽管灾害与事故的发生,有许多的原因存在,将其归纳一下,将可发现这些要因其实就是属于"东西"与"人"两种要素,灾害的要因会发生,最主要的问题,就是在"东西"与"人"这两个要素中,产生了缺陷。

现在将因"东西"与"人"这两种要素所造成事故原因的实例分析如下,以供参考(见表14-1)。

表14-1 引起生产事故的物与人的因素

| 事故原因 | 实例分析 |
|---|---|
| 物的原因<br>(不安全的状态) | (1)设施的构造不良(如地板容易滑倒等)<br>(2)机械、器具、设备的缺陷(不完全的机械设备与工具等常是造成员工作业伤害的最主要原因)<br>(3)通道与作业点的条件不良(如狭窄的通道与不安定的作业点,也是常发生事故的原因)<br>(4)安全的装置与标志不良<br>(5)采光与照明的不完全<br>(6)工厂内部的整顿与清扫工作没有彻底地执行<br>(7)作业空间不充足<br>(8)材料或部分半成品的不良(工厂也经常因半成品或材料的不良,而造成作业迟滞与事故的发生)<br>(9)作业的安全道具与护具的不良或完全不具备<br>(10)其他的条件 |
| 人的原因<br>(不安全的状态) | (1)程序的分配、作业的方式、作业时间等条件的安排有不合理的问题产生<br>(2)基本作业知识与技术的不足<br>(3)工厂内的作业指导与教育培训工作没有彻底执行<br>(4)员工对工厂的规则与上司的指示不重视,或管理者对作业规则与命令的执行疏于管理(如员工安全作业装备的不彻底穿着、机械运转速度经常超越规定的限制等)<br>(5)作业态度一般行为不良(不在乎工作态度与不良的私生活与行为)<br>(6)作业动作与姿势的不良(作业处于不合理的位置、危险的动作与不良的作业姿势,都是影响其他同事的作业与造成事故的原因)<br>(7)员工感情的兴奋与情绪的起伏<br>(8)员工身体的不适<br>(9)员工身心不平衡(如与同事之间产生不和、对家庭所产生的担心)<br>(10)共同作业上的联络不充足 |

机械设备上也有许多危险因素，要贴上安全提示或警示标志，提醒操作人员时刻注意。如图14-2所示。

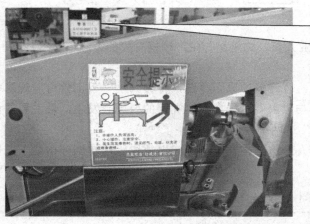

机器也有许多危险因素，要贴上安全提示，提醒操作人员

图14-2 设备上张贴安全提示

# 第15章 作业安全预防

班组长安全管理培训手册

> **引言**
>
> 班组的安全生产工作，必须以人为本，运用先进的手段对生产作业的全过程进行管理，做好安全生产的准备和保护，以应付攻击或者避免受害，从而使班组成员处于没有危险、不受侵害、不出现事故的安全状态。显而易见，安全是目的，防范是手段，通过防范的手段达到或实现安全的目的，就是安全预防的基本内涵。

## 15.1 运用岗位安全应急卡

"岗位安全应急卡"是指企业通过风险评估、危险因素的排查,确定危险岗位,有针对性地制定各种可能发生事故的应急措施,从而编制具有应急指导作用的简要文书。

### 15.1.1 岗位安全应急卡的作用

"岗位安全应急卡"具有简明、易懂、实用的特点,着重解决事故发生时生产一线员工"怎么做、做什么、何时做、谁去做"的问题,使员工能及时正确地处置事故,报告事故情况。

 案例

一家化工企业在试点实施"岗位安全应急卡"不到一个月,因意外情况发生火情,生产一线员工按照"岗位安全应急卡"所提供的方法及时进行了正确处置,为消防部门快速扑灭火灾争取了宝贵的救援时机。

### 15.1.2 岗位安全应急卡的内容

在编制岗位安全应急卡前,应当结合岗位的实际情况,在危害(隐患)辨识的基础上开展此项工作。其内容主要包括岗位风险(危害)辨识、岗位注意事项、应急情况处理等几方面内容。

(1)"风险(危害)辨识"这项内容是结合危害(隐患)辨识分析的结果,按人、机、环境、管理四个方面进行列举,在列举时应从清单中选出部分有代表性和有较大危害的,对相关的其他风险进行辨识,一并列出。

(2)在"岗位注意事项"这项内容中,应当列出该岗位在值班或工作过程中所应特别注意的事项。

(3)在"应急情况处理"这项内容中,应当列出该岗位人员在出现应急情况时应如何处理。出现紧急情况,需要人镇定、冷静处理,但这时往往处于慌乱状态,不能采取正确措施。因此,在该项内容中,应简单明了地列出处理措施,一旦真的发生意外,可供岗位人员参考和操作,实用性很强。

下面提供两份岗位安全应急卡的范本,供参考。见表15-1、表15-2。

表 15-1 岗位安全应急卡范本（一）

| 岗位名称 | ××车间××岗位 | | |
|---|---|---|---|
| 涉及危险工艺（存在危险因素） | ××工艺 | | |
| 关键工艺参数 | 操作压力、温度、介质成分、滴加速度等 | | |
| 岗位操作要点 | 操作压力、温度、反应时间等 | | |
| 本岗位应急处置装备 | 防毒面具、空气呼吸器、防化服、灭火器、应急药品等 | | |
| 应急处置注意事项 | 前后工段联系、避免产生各类火种、上风向处置、个体防护等 | | |
| 本岗位存在危险因素（尽量列出岗位可能发生的各类事故，如超温、超压、泄漏、爆炸、停电、停水、断料等工况变化情况，以及发生人员伤害情况等）<br>（1）<br>（2）<br>（3） | | | |
| 危险因素应对措施（应对事故的处置程序、处置措施、处理要点，措施应简明扼要、实用，着重说明如何稳定操作工况、消除危险因素等，比如，一旦发生……，应该……）<br>（1）<br>（2）<br>（3）<br>应急联系电话： | | | |
| 厂内 | 主要负责人 | 技术负责人、生产控制中心 | 车间主任 |
|  |  |  |  |
| 公共 | 报警电话 | 火警电话 | 急救电话 |
|  |  |  |  |
| 制定人： | 审核人： | | 时间： |

表 15-2 岗位安全应急卡范本（二）

| 岗位名称 | ××车间××岗位 | | 危险工艺名称 | | |
|---|---|---|---|---|---|
| 涉及危化品 | | | | | |
| 工艺参数 | 反应温度，××℃～××℃；压力，常压；回流温度，××℃；滴加速度，××L/min；反应时间，××小时；保温（降温）措施，×××× | | | | |
| 作业场所涉及危险物质 | 火灾可能产生有害物质 | 危险特性 | 禁忌物质 | 可能导致的不良后果 | 针对性个体防护器具 |
| | | | | | 名称 | 储物点 |
| | | | | | | |
| | | | | | | |
| | | | | | | |
| | | | | | | |
| | | | | | | |
| | | | | | | |
| 岗位作业人员可实施的紧急避险行动 | | | | | |
| 异常紧急状况先期症状 | 应急处置的禁忌事项 | 安全、正确、可行、有效的具体应急处置作业动作、顺序 | | 应急处置作业时间长度 | 必须紧急撤离的事故前症状 |
| 温度异常 | | | | | |
| 压力异常 | | | | | |
| 突然停水 | | | | | |
| 突然停电 | | | | | |
| 搅拌故障 | | | | | |
| 反应失控 | | | | | |
| 泄漏或冲料 | | | | | |
| 其他情况 | | | | | |
| 应急联系方式（电话号码） | | | | | |
| 厂内 | 主要负责人 | | 技术负责人、生产控制中心 | | 车间主任 |
| | | | | | |
| 公共 | 报警电话 | | 火警电话 | | 急救电话 |
| | 110 | | 119 | | 120 |

制定人： 审核人： 时间：

### 15.1.3 岗位安全应急卡的使用

（1）岗位安全应急卡可以塑封成小卡片，发放到每一个相关员工的手中，重点岗位做到"人手一卡"，并在重要部门张贴上墙。如图15-1所示。

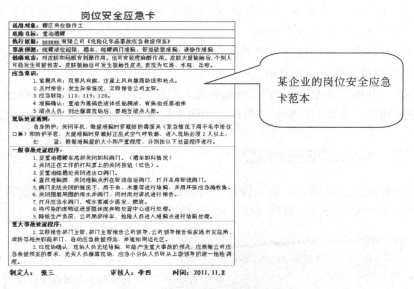

图15-1 某企业的岗位安全应急卡

（2）要按照"岗位安全应急卡"的内容定期组织员工进行演练，不断检验演练效果。

"岗位安全应急卡"适用对象是生产一线的员工，生产一线员工对"岗位安全应急卡"的熟悉程度决定了最终的推行效果。

## 15.2 安全生产确认制

安全生产确认制是确认、确信、确实的总称。在作业之前和作业中针对本岗位的安全要点和易发生伤害事故的因素，必须做到确实认定、确实可靠、确实准确地去执行。

### 15.2.1 为什么要进行安全确认

有统计分析发现以下4类不安全行为是导致事故发生的主要因素。

（1）未确认行走路线是否安全而导致的事故，占事故发生频数的8.5%，一般为重伤以上事故。

（2）未确认上级的指令，出现误操作而导致的事故，占事故发生频数的6.5%，一般为重伤以上事故或设备事故。

（3）未确认操作对象及环境是否安全而导致的事故，占事故发生频数的6.5%，一般为一人轻伤以上事故。

（4）开停车、停送电时未对系统检查确认而导致的事故，占事故发生频数的5%，一般为多人重伤以上事故。

为此，开展"安全确认制"，以此规范生产作业人员操作行为，控制和消除员工习惯性违章，是企业搞好安全生产、预防事故的一项重要活动内容。

### 15.2.2 确认制的应用范围

凡是可能发生误操作，而误操作又可能造成严重后果的，都应制定并实施可靠的确认制（如图15-2、图15-3所示），比如以下操作。

图15-2 作业前对设备参数进行确认

（在作业前必须确认设备的各种参数是否正常）

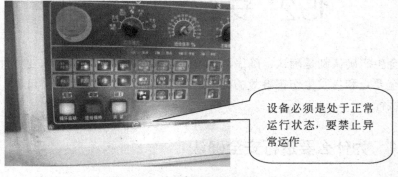

图15-3 对设备运行状态进行确认

（设备必须是处于正常运行状态，要禁止异常运作）

（1）开动、关停机器和固定设备及驾驶车辆。
（2）开动起重运输设备。
（3）危险作业、多人作业中的指挥联络。
（4）送变电作业。
（5）检修后的开机。
（6）重要防护用品（防毒面具、安全带等）的使用。
（7）曾经发生过误操作事故的作业等。

### 15.2.3 确认的程序

确认的程序如图15-4所示。

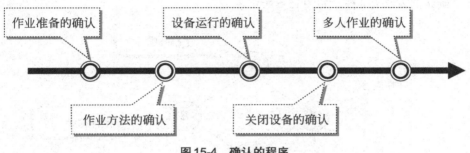

图15-4 确认的程序

#### 15.2.3.1 作业准备的确认

作业人员在接班后应进行设备、环境状况的确认。如设备的操纵及显示装置、安全装置等是否正常可靠；设备的润滑情况是否良好；原材料、辅助材料的性状是否符合要求，工器具摆放是否到位；作业场所是否清洁、整齐；材料、物品的摆放是否妥当；作业通道是否顺畅等。一切确认正常，或确认可能有危险而采取有效的预防对策后方允许开始操作。

#### 15.2.3.2 作业方法的确认

即按照标准化的作业规程，对作业方法进行确认，确认无误后才允许启动设备。

#### 15.2.3.3 设备运行的确认

设备开动后，应对设备的运行情况是否正常进行确认。如运转是否平稳、有无异常的振动或噪声或其他任何预示危险的征兆、各种运行参数的显示是否正常等。设备运行确认也可以与作业中的安全检查结合，采用安全检查表进行。应根据需要在整个作业期间进行若干次确认。

#### 15.2.3.4 关闭设备的确认

与开启设备的情况相同,应按照标准化作业规程关闭设备的作业方法确认后才允许关闭设备。

#### 15.2.3.5 多人作业的确认

如是多人协同作业,则在开始作业前,应按照预定的安排对参加作业的人员、人员的作业位置、作业方法、指挥联络形式、作业中出现异常情况时的对策等进行确认,确认无误后才允许开始作业。

### 15.2.4 确认的方法

确认的方法有4种,如图15-5所示。

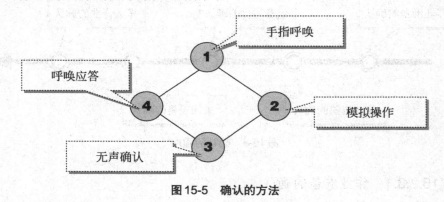

图15-5 确认的方法

#### 15.2.4.1 手指呼唤

即用手指着作业对象操作部位,用简练的语言口述或呼喊,明确操作要领,然后再进行操作。这可以简述为:"一看、二指、三念、四核实、五操作"。比如,在巡视检查锅炉的工作状况时可以用手指着锅炉的仪表,眼睛看着显示的数字,并且呼喊:"×炉号,压力10,温度200,正常!"

进行手指呼唤,实质上也是对操作方法进行一次预演和检验。如果头脑不清醒,精神不集中,手指呼唤时必然会发生错误,这就必须重复进行,直到确认无误才行。

#### 15.2.4.2 模拟操作

对于复杂重要的工作,在采用手指呼唤的同时还应实行模拟操作,经过模拟操作,确认无误后方可正式进行操作,模拟操作最好实行操作票制度,即把正确的操作步骤、方法写在操作票上,逐项核对、确认,然后进行操作。必要时,应该由两个人同时进行确认,即一人监护,一人操作。具体说,就是由第一人呼唤,第二人复诵并模拟进行操作(可制作模拟操作板),第一人认可后,命令执行,第二人再进行操作。

#### 15.2.4.3　无声确认

即默忆和简单模仿正确的作业方法,"一停二看三通过"即属此类。这种确认方法不能有效地动员起作业人员的积极性,只能用于简单的作业。

#### 15.2.4.4　呼唤应答

对于互相配合的作业则采取呼唤应答确认。即一方呼唤,另一方应答,第一方确认应答正确了,命令执行再进行操作,在呼唤应答的同时,还应辅以适当的手势和动作。

## 15.3　危险信息要沟通及时、准确

危险信息沟通是指在现实的生产活动中,人们采用各种手段、仪器装置向生产现场的工作人员传送各种事故隐患、生产条件等方面的信息,这是为了让工作人员及时了解工作现场的情况,始终保持警戒的思想,加强自我保护,从而达到预防事故的目的。

### 15.3.1　危险信息沟通与事故发生

人在生产过程中,要根据自己所感知到的各种信息,对自己的行为作出相应的调整。这种信息如果是有可能伤害自己及他人或损坏财物的危险信息,一旦沟通不良,致使当事人未及时作出恰当的行为反应,就有可能导致恶性事故的发生。

当危险信息未能及时让人捕捉到时,极易导致事故的发生。一般来说,主要有以下5种情况。

(1)危险信息存在,但由于人本身的限制及外界因素的干扰,当事人未能及时发现,并且未采取有效的回避、处理措施,极有可能发生事故。

**案例**

某化工总公司化肥厂合成车间铜洗岗位副操作工张某发现本岗位仪表盘上精炼气仪表失灵,及时告诉主操作工金某,金某看到负责铜洗仪表的张某在合成岗

位，就到合成岗位将精炼气仪表没有气源的情况告诉张某，张某立即到铜洗岗位，在打开仪表柜门的同时仪表柜发生爆炸，张某被炸倒的仪表柜压在下面，操作工金某、王某等人将仪表柜抬起救出张某及时送总公司职工医院，因重度颅外伤合并呼吸循环衰竭于当日死亡。事故发生前全厂正处于合成岗位催化剂升温阶段，铜洗岗位生产处于正常状态。精炼气指示仪表失灵是因气源管气源中断所致，气源管气源中断，精炼气逸散在仪表柜内与空气混合达到爆炸极限，在开仪表柜门时产生火花，将仪表柜内可燃气体引爆，导致此次事故的发生。

（2）危险信息存在，但是没有给予适当的沟通或危险标记，当事人凭自身条件又不能发现其危险性时，极易发生事故。

（3）危险是存在的，但并没有以一种信息的形式，如指示灯、手势等表现出来，相反，却是以一种正常的信息出现在当事人面前，这也极易导致事故的发生。如在化工企业的压力管道上如果不设置压力表或报警装置，一旦超压，人们不能及时发现，就会有发生爆炸的危险，如果存在有毒有害气体，就会造成人员中毒；进行罐内检修时没有作业票、没有监护人员、没有挂牌作业，或有监护人员却擅离职守，其他操作人员在不进行检查的情况下开车作业，也有可能造成事故。

（4）危险并不存在，但由于外界的干扰，如仪表的错误显示、人员的骚扰等，极有可能给当事人以存在危险信息的感觉，此时，如果当事人采取回避反应，极易发生事故。如一些企业对于一些压力容器，如液氨储罐、锅炉等容器上的指示仪表，如压力表、温度计等不按时检验，而造成仪表失灵，如果采取不当措施，极易造成事故。

（5）危险不存在，也给当事人一种无危险的信息显示时，也有可能因为当事人的麻痹大意而发生事故，这就是"风险平衡理论"指出的，往往越安全的地方越危险。

为了预防各种事故的发生，做好人与人之间、人与仪表之间的危险信息沟通是十分必要的。但是，在有良好的危险信息沟通的前提下，作为生产者，在生产过程中还应谨防侥幸、麻痹大意，增强自我保护意识和能力，才能有效将事故扼杀在隐患之中。

## 15.3.2 信息沟通的障碍与解决

### 15.3.2.1 文化方面的障碍及其解决

文化方面的障碍指的是来自文化经验等方面的诸因素所造成的沟通障碍，主要有表达不清、错误的解释、缺乏注意、同化、教育程度差异、对发信者的不信任、无沟通现象等。见表15-3。

表 15-3  文化方面沟通的障碍及其解决方法

| 障碍类别 | 障碍现象 | 解决方法 |
|---|---|---|
| 表达不清 | 不论借用什么沟通渠道发送信息，信息含糊不清是十分常见的现象，如错误地选择词语、空话连篇、无意疏漏、观念混乱、缺乏连贯性、句子结构错误、难懂的术语等，都有可能造成信息表达不清 | 要把信息表达清楚明确，首先要加强文化素质方面的修养，加强言语训练（语法、修辞、逻辑等方面）；其次要限定内容，要言简意赅地表达信息中的要点 |
| 缺乏注意 | 人们不注意阅读布告、通知、报告、会议记录也是常见的现象 | 除了提高管理者的劝说艺术水平之外，更重要的是加强沟通的责任感，使每一名员工都认识到信息沟通对本企业的重要意义 |
| 教育程度差异 | 员工教育程度差距太大，会造成沟通的障碍，如果员工教育程度较低，则管理者难以沟通信息，步调难以保持一致，影响了企业组织的工作效率 | 在选拔员工时对教育程度应该有一定的要求，或对在职员工进行多种形式的教育，鼓励他们自学文化知识等来提高教育程度 |
| 错误的解释 | 接信者的文化、经验、思维方式等的不同，使得对所收到的信息有不同的理解 | 应该考虑接信者的个人情况及其所工作的环境，有时必须伴随以必要的解释，使对方充分理解信息，才有助于沟通的效果 |
| 同化 | 把传递来的信息按照接信者的信念、习惯、猜测以及兴趣、爱好使之适合于自己，称之为同化，比如，对信息省略细节，使其简单化，使内容成为自己熟悉的内容；添枝加叶，加上自己的看法、观念；按自己的兴趣使信息轻重颠倒；把信息合理化，成为自己满意的处理方式等 | 要求按信息的客观情况行事 |
| 无沟通现象 | 指管理者没有传递必需的信息，其原因有多种：或因为工作忙而延误了沟通；或以为"每个人都知道了"，不屑于作沟通（其实并非如此）；或因为懒惰没有作沟通 | 解决管理者对信息沟通意义的认识问题 |
| 对发信者的不信任 | 无论从什么角度讲，对管理人员的不信任必然都会削弱信息沟通的效率 | 管理者培养自己的思维决定能力、规划能力、洞察能力、判断能力 |

#### 15.3.2.2  组织结构方面的障碍

组织结构方面的障碍及解决方法见表 15-4。

表 15-4  组织结构方面的障碍及解决方法

| 障碍类别 | 障碍现象 | 解决方法 |
|---|---|---|
| 地位障碍 | 地位障碍来源于组织的角色、职务、年龄、待遇、资历等因素，由于企业组织是一个多层次的结构，因此，一位操作者常对班组长、同事或者车间主任进行沟通，但不一定常与厂长、经理进行沟通，这是属于因地位原因，不能经常接触而造成的沟通障碍 | 为了减少由地位引起的沟通障碍，高层领导和管理者应经常到第一线去了解下情，与第一线人员促膝谈心，或到现场去办公等 |
| 物理距离的障碍 | 管理者与操作人员之间、操作者与操作者之间，存在着空间距离的远近，使得他们接触和交往机会减少，即使有机会接触和交往，时间也十分短暂，不足以进行有效沟通 | 应鼓励非正式群体的产生和发展，诸如成立各种俱乐部、兴趣小组、各种形式的协会，通过非正式群体的有益活动，缩短成员之间的物理距离，增加面对面接触和交往的机会，促进成员之间的信息沟通 |

#### 15.3.2.3  个性方面的障碍

（1）障碍。员工的个性因素也能成为信息沟通的障碍。以自我为中心、自尊心很强、优越感很强的人，往往不大会主动与他人进行沟通。有这种个性特征的管理者，对听取下级人员的报告时，常常感到不耐烦。

（2）解决方法。在进行信息沟通时要因人而异，先认清员工的能力、需要、动机、习惯等，使信息与接信者的个性特点相配合，做到有针对性地工作，使对方最大限度地接受信息。

## 15.4  开展危险预知训练

危险预知训练活动简称KYT（Kiken Yochi Trainning），是针对生产的特点和作业工艺的全过程，以其危险性为对象，以作业班组为基本组织形式而开展的一项安全教育和训练活动，它是一种群众性的"自我管理"活动，目的是控制作业过程中的危险，预测和预防可能发生的事故。

### 15.4.1  KYT的起源

KYT起源于日本住友金属工业公司的工厂，后经三菱重工业公司和长崎造船厂发起的"全员参加的安全活动"，经日本中央劳动灾害防止协会的推广，形成了技术方法，获得了广泛的运用，遍及各个企业，我国宝钢首先引进了此项技术。

## 15.4.2 KYT的适用范围

通用的作业类型和岗位相对固定的生产岗位作业；正常的维护检修作业；班组间的组合（交叉）作业；抢修抢险作业。

## 15.4.3 班组危险预知活动的目的

（1）描写作业情况。
（2）找出班组作业现场隐藏的危险要因和有可能引起的现象。
（3）组织一起讨论、协商，指点确认危险点或重点实施事项。
（4）找出危险点控制的措施，并予以训练，使其标准化。

## 15.4.4 危险预知活动的实施

### 15.4.4.1 实施要点

通过小集团活动，运用解决问题的四步循环来开展危险预知活动，见表15-5。

表15-5 解决问题的四步循环

| | | | | KYT | 实施点 |
|---|---|---|---|---|---|
| 观察↓ | 1R | 把握事实（现状把握） | | 存在什么潜在危险 | 基本是现场的现物 |
| 考虑↓ | 2R | 找出本质（追究根本） | | 这是危险的关键点 | 不遗漏任何危险部位 |
| 评价↓ | 3R | 树立对策 | | 要是你的话怎么做 | 可实施的具体对策 |
| 决定↓ | 4R | 决定行动计划（目标设定） | | 我们应该这么做 | 对，这么做（唱和） |
| 实践 | | | | | 责任者、日程 |
| 总结、评价 | | | | | 全体成员 |

### 15.4.4.2 危险预知活动的实施步骤和基本方法

选定图片或以工作中的某个情景，班组长介绍内容，大家分析。如图15-6所示。

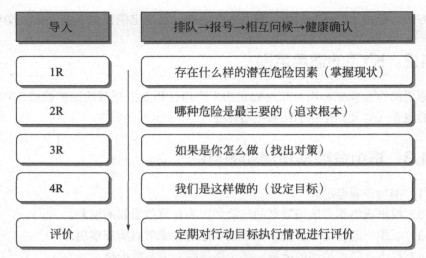

图 15-6 危险预知活动的实施步骤

KYT 实施的基本方法，见表 15-6。

表 15-6　KYT 实施的基本方法

| 步骤 | | 操作说明 |
| --- | --- | --- |
| 1R | 掌握现状：到底哪些是潜在的危险因素（最好结合大家熟悉的或岗位的危险源为对象） | 认为发现哪个地方比较危险，会出现什么事故，叫大家找出来<br>（1）叫大家举手发言<br>（2）假定一下将来可能出现什么样的危险及可能的事故<br>（3）把危险因素通过大家列 5～7 个项目<br>（4）小组一般 5～7 人，每人至少提一条，太多解决起来就成问题 |
| 2R | 追求根本：这才是主要危险的因素 | （1）每人指出 1～2 条认为最危险的项目，在认为有问题的项目画一个"○"<br>（2）问题集中、重点化，最后形成大家公认的最危险的项目（合并为 1～2 个项目）；画"◎"的项目为主要的危险因素<br>（3）列出集中化的 1～2 项<br>表述为："由于……原因，导致发生……的危险"，全部写出，领导读两遍，然后带着成员跟着读两遍 |
| 3R | 找出对策：如果是你怎么做 | 想对策，怎么解决问题，把最先解决的问题每一个人拿出一个措施<br>（1）根据最危险的因素，每人提出 1～2 条具体可实施的对策措施<br>（2）把对策措施 5～7 项合并为 1～2 项最可行的对策 |
| 4R | 设定目标：我们是这样做的 | 想出对策，每人设一目标，要是我怎么办、要是你怎么办<br>（1）合并为 1～2 项（按照带标记的项目是重点实施项目）<br>（2）设定团队行动目标 |

#### 15.4.4.3 情景演练

以下为某企业 KYT 活动的演练，请参考学习。

情景：驾驶叉车的 A 员工，由于出库过迟，急于要将材料搬出；路线一边的 B 员工正作业未注意来车，如下图所示。

题目：叉车作业

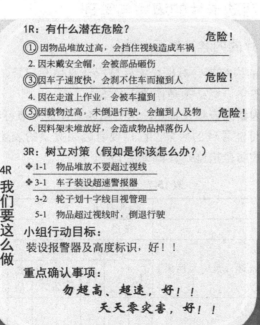

1R：有什么潜在危险？
① 因物品堆放过高，会挡住视线造成车祸  **危险！**
2. 因未戴安全帽，会被部品砸伤
③ 因车子速度快，会刹不住车而撞到人  **危险！**
4. 因在走道上作业，会被车撞到
⑤ 因载物过高，未倒退行驶，会撞到人及物  **危险！**
6. 因料架未堆放好，会造成物品掉落伤人

3R：树立对策（假如是你该怎么办？）
❖ 1-1  物品堆放不要超过视线
❖ 3-1  车子装设超速警报器
　　3-2  轮子划十字线目视管理
　　5-1  物品超过视线时，倒退行驶

4R 我们要这么做

小组行动目标：
装设报警器及高度标识，好！！

重点确认事项：
　　勿超高、超速，好！！
　　　天天零灾害，好！！

#### 15.4.4.4 实施时的注意事项

员工危险感知度不是一次就能做好的,必须坚持反复的训练,坚持PDCA进行固化、改善和提高。如图15-7所示。

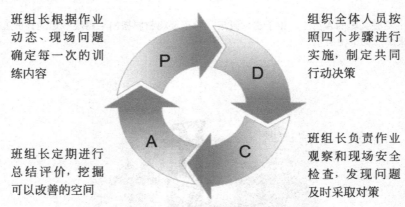

图15-7 危险预知训练的PDCA循环

### 15.4.5 KYT活动卡片的填写与管理

#### 15.4.5.1 卡片的内容及填写

KYT活动卡片的内容应针对现场实际情况认真填写记录,且必须是在现场和作业开始前完成,签字一栏必须是作业人员本人。

对卡片中危险因素的查找及描述,应针对各个作业环节可能产生的危险因素、人的不安全行为和可能导致的后果,前后要有因果关系的表述,对发现的重要危险因素要采取相应的防范措施。具体见表15-7。

表15-7 KYT活动表

| 作业地点 | | | | | | | 作业时间 | | |
|---|---|---|---|---|---|---|---|---|---|
| 作业人员 | | | | | | | 负责人 | | |
| 作业内容 | 危险因素描述(危害及后果) | 类别(4M1E) | | | | | 重要性 | | 对策 |
| | | 人 | 机 | 料 | 法 | 环 | 其他 | 重要 | 一般 | |
| | | | | | | | | | | |

确认人:          班长:

#### 15.4.5.2　卡片的管理

KYT卡片的收集整理要有专人负责，并编制成册加以保存。卡片的保存时间一般为班组半年和车间一年，保存期间的卡片要作为班组员工开展安全教育的材料，供开展KYT训练活动使用。

# 15.5　操作者人为失误预防

人为失误（Human Error）是指操作人员不能按规定的精度、时间和顺序完成规定的操作，从而导致机器、设备和系统损坏或运行过程中断。也可以说是由于操作人员的错误决策和行为，导致系统出现故障，效率降低或性能受损。

## 15.5.1　分析操作者人为失误原因

（1）未注意。
（2）疲劳。
（3）未注意到重要的迹象。
（4）操作者安装了不准确的控制器。
（5）在不准确的时刻开启控制器。
（6）识读仪表错误。
（7）错误使用控制器。
（8）因振动等干扰而心情不畅。
（9）未在仪表出错时及时采取行动。
（10）未按规定的程序进行操作。
（11）因干扰未能正确理解指导。

## 15.5.2　采取预防措施

未注意和疲劳是操作者失误的两个重要原因。

预防未注意的措施主要是在重要位置安装引起注意的设备、提供愉快的工作环境以及在各步之间避免中断等。类似的，预防疲劳主要是采取排除或减少难受的姿势、集中注意的连续时间、对环境的应激及过重的心理负担等措施。

（1）通过听觉或视觉的手段帮助操作者注意某些问题以避免漏掉某些重要迹象。同时，通过使用这些特定的控制设备可以避免某些不准确的控制装置所造成的问题。

（2）为了避免在不正确的时刻开启控制器，在某些关键序列的交接处提供补救性措施是必要的。同时，应保证功能控制器安放在适当的位置，以便使用。如图15-8所示。

设置一个限位开关，只要制动鼓总成碰到即自动停线

图15-8 设置功能控制器

（3）为预防误读仪表，有必要根除清晰度方面的问题以及视读者移动身体的要求和仪表位置不当等。

（4）使用噪声消减设备及振动隔离器可有效克服因噪声和振动造成的操作者失误。

（5）综合使用各种手段保证各仪器发挥适当功能并提供一定的测验及标准程序，诸如未对出错仪表作出及时反应等人为失误便可克服。

（6）避免太久、太慢或太快等程序的出现便可以预防操作者未能按规定程序进行操作的失误。

（7）因干扰问题不能正确理解指导时，通过隔离操作者和噪声，或排除干扰源便可克服。

# 第16章 消除习惯性违章

 引言

根据事故统计分析，90%的事故是由于直接违章所造成的，尤其突出的是，这些违章大都是频发性或重复性出现的。消除习惯性违章行为，对确保班组安全生产有重大的作用。

## 16.1 习惯性违章的危害

习惯性违章，是指那些固守旧有的不良作业传统和工作习惯，违反安全工作规程的行为。

企业的生产车间班组是生产工人的集结点，也是安全生产的前沿阵地。从历史教训看，绝大部分事故是车间班组放松管理，一线员工违章作业所造成的。

 **案例**

一个刚入佛门的小和尚学剃头。老和尚先让他削冬瓜皮来练习手法，小和尚每次练完之后就随手把刀扎在冬瓜上。老和尚多次劝说他不要养成这种坏习惯，小和尚置若罔闻。时间长了老和尚也就不再说了。

终于有一天，小和尚觉得本事差不多了，就单独出去给人剃头，剃完头后顺手习惯性地把刀插进别人的头上而酿成人命案。

这个故事给我们一个启示：任何习惯一旦养成，就难以改正过来。

违章是发生安全事故的重要原因，违章不一定造成事故，但发生事故则一定存在着违章，由此可见，违章是安全生产的大敌，事故是习惯性违章的必然结果。

 **案例**

某黄磷厂抓渣工孙某抓渣完毕，将抓渣机停靠在渣地围墙坎边，给抓渣机加润滑油。由于抓渣机没有放置稳妥，而且停放位置不当，当孙某攀登主抓斗时，使抓斗失去平衡，孙某与抓斗同时掉入水温80℃左右的渣池内，致使孙某颈部以下全身烫伤，烫伤面积达95%以上，经数小时抢救无效，死于败血症。

该厂对死者善后事宜作了妥善安置，并分析了事故原因。

（1）死者本人违章操作。起重设备的检修应严格遵守《起重工安全技术操作规程》中的检修安全规定。抓斗应在"0"位停放，经检查安全可靠后方可检修、维护。

（2）安全防护措施不力。在特殊场所维护（修）特种设备必须有2人以上同时操作和监护。

班组长在培训中要让员工认识到习惯性违章的害处，可以用血淋淋的事实来教育。

# 16.2 习惯性违章的原因

习惯性违章的原因是指引起作业人员违章的主客观原因,如人的安全意识薄弱、物的不安全因素都可能会引发违章。

## 16.2.1 违章人员的行为动机

违章人员的行为动机有许多,如图 16-1 所示。

**图 16-1 违章人员的行为动机**

### 16.2.1.1 侥幸心理

侥幸心理是许多违章人员在行动前的一种普遍心态。有这种心态的人,不是不懂安全操作规程、缺乏安全知识,也不是技术水平低,多数是"明知故犯"。在他们看来,"违章不一定出事,出事不一定伤人,伤人不一定伤我"。这实际上是把出事的偶然性绝对化了。在实际作业现场,以侥幸心理对待安全操作的人,时有所见。比如,某项作业应该采取安全防范措施而不采取;需要某种持证作业人员协作的而不去请,指派无证人员上岗作业;该回去拿工具的不去拿,就近随意取物代之等。

### 16.2.1.2 惰性心理

惰性心理也称为"节能心理",是指在作业中尽量减少能量支出,能省力便省力,能将就凑合就将就凑合的一种心理状态,这也是懒惰行为的心理依据。

(1) 干活图省事,嫌麻烦。
(2) 节省时间,得过且过。

#### 16.2.1.3 逐利心理

企业制定奖勤罚懒制度是为了提高劳动生产率，但是个别作业人员（特别是在计件、计量工作中）为了追求高额计件工资、高额奖金以及自我表现欲望等，将操作程序或规章制度抛在脑后，盲目加快操作进度，而不是科学地改进操作程序。

**案例**

某冶炼厂给料系统由一台皮带输送机送料，经腭式破碎机破碎后进入下一工序。某日夜班（零点至早上八点），员工李某在此岗位负责操作，由于当班所破碎的原料大块较多，破碎机难于吃进，遇到大块的矿石必须停机将矿石取出，人工用大锤先将其砸成小块。按正常给料时的操作完成当班生产任务只要五个多小时，而这次到距离下班时间还有两小时才完成当班工作任务的60%左右。凌晨6：00左右，一块大料进入破碎机，操作人员李某看到破碎机只是在不停空转，矿石没有下去，便将皮带输送机停下，径直走到破碎机进料口，左脚踩在操作台边缘，右脚使劲往破碎机进料口踩矿石。石块终于被挤压进去，但由于李某用力过猛，右脚也进入了破碎机，脚踝以下全部被夹碎。

#### 16.2.1.4 逞能心理

作业人员在生产现场工作时，不是凭借安全生产工作规程而是靠想当然，自以为是，盲目操作。还有部分作业人员自以为技术高人一等，按规定作业前应到现场核实设备，但是自己认为熟悉现场设备和系统，逞能蛮干，凭印象行事，往往出现违章操作、误操作或误调度，造成事故。

**案例**

某厂车工张某与王某谈起零件加工任务，抱怨自己的机床太陈旧，离合器不灵便，停车位稍有偏差主轴便会反转，跟维修工说了几次也没调合适。

王某听了之后说："这有什么呀，我给你调。"张某半信半疑。王某一只手拿螺丝刀拨压弹簧，另一只手扭可调瓦螺帽。

突然，主轴飞转，将王某两手多指绞成粉碎性骨折。

#### 16.2.1.5 麻痹心理

麻痹大意是造成事故的主要心理因素之一。行为上表现为马马虎虎、大大咧咧、口是心非、盲目自信。这种人盲目相信自己的以往经验，认为自己技术过硬，保准出不了问题（以老员工居多），认为"违章"是以往成功经验或习惯的强化，多次做也没发生问题，我行我素。

 **案例**

某厂的一名女工在立式压机上操作，上模下模行程很慢，通常都认为不会出事故，因行程较慢，即使手碰到上模也来得及抽脱开，但这位女工的手还是被压伤。

#### 16.2.1.6 帮忙心理

在生产现场工作中，往往会出现一些意想不到的事情，比如开关推不到位、刀闸拉不动等现象，操作者常常请同事帮忙，帮忙者往往碍于情面或有表现欲望，但是在不了解设备情况下，如果盲目帮忙去操作，极容易造成事故。

 **案例**

某生产车间班长李海带着新的维修工王强正在给生产车间进行检修。"小王，你今天跟着我，给我搭个手，到时你一定要多留心看。"李海正在忙着检修××机，王强一看自己无事可做，就开始自己动手准备进行校正或者装拆皮带。李海抬头一看，吓了一跳，说："王强，你快住手！怎么能够在机器还在转动时就进行皮带的校正呢？这样会有危险的。"面对李海的纠正和劝阻，王强不以为然地说："以前老师傅都这么做，我们这么做也不会出事的。""不行不行，你一定要小心，在机器运行中，清扫、擦拭或润滑转动部位都是危险的，更何况是调校和拆装呢。你原来的那个习惯一定要改过来。快过来先看我修这个，待会我讲给你听。"

#### 16.2.1.7 冒险心理

在生产过程中，可能会出现生产现场的条件较为恶劣的情况，如果严格按有关规程制度执行确实有困难，有些作业人员不针对实际情况采取必要的安全措施，而是往往冒险去工作，冒险也是引起违章操作的重要心理原因之一。

 **案例**

某化工公司一分厂检修工班长张某、维修工李某、陈某3人根据车间主任的安排，对二号炉检修现场进行清理，张某违章安排无证人员李某在三楼顶端操作行车，陈某和张某在二楼接放被吊运的物品（电机大套），当吊运第三只大套时，由于行车已经到位，但3人虽采用歪拉斜吊但仍无法使大套落到理想地点，张、陈2人在没有取掉挂钩的情况下，强行推拉重达800多千克的大套，此时大套尾部着地，头部悬空使钢索已呈20度的斜拉状态，在外力的作用下，大套产生巨大的反弹力将张某拍伤，被紧急送往医疗中心接受治疗。经医院诊断，张某左大腿内侧为粉碎性骨折。

### 16.2.1.8 贪图安逸心理

在工作中不求上进，缺乏积极性，平时不注意学习，技术水平一般，自我保护意识差，与其他人一起工作还可以，一旦自己独立工作，哪怕是从事简单的工作，都有可能发生事故。

某年夏天，某厂的一台换热器发生故障，需要更换。拆装换热器的主要工作是先拆卸螺栓，当时要拆装M24的螺栓150个和M20的栓900个。面对这么大的工作量，天气又太热，再加上旁边的一些设备和管道，使干活空间很小，大家干得衣服都湿透了，一名检修工就索性扔掉手套，将衣袖高高卷起，兴高采烈地拧着螺栓，因用力过猛，扳手突然打滑，胳膊一下子碰到了旁边的一根伴热管上，当场就被烫伤了。由于没有工作服保护，尽管经医院治疗，还是在胳膊上留下了一大块疤痕。这就是因贪图安逸，缺乏自我保护意识，违章作业导致事故的典型案例。

### 16.2.1.9 无所谓心理

无所谓心理常表现为违章或心不在焉、满不在乎。这里也有以下3种情况。

（1）本人根本没意识到危险的存在，认为什么章程不章程的，章程都是领导用来卡人的。这种问题出在对安全、对章程缺乏正确认识上。

（2）对安全问题谈起来重要，干起来次要，比起来不要，在行为中根本不把安全条例等放在眼里。

（3）认为违章是必要的，不违章就干不成活。

无所谓心理对安全的影响极大，因为有些人心里根本就没有安全这根弦，因此在行为上常表现为频繁违章。有这种心理的人常是事故的多发者。

某动力厂机修班班长李某安排机修工马某、韩某到动力厂煤渣场维修断裂的

7号吊车升降钢丝绳。煤场起重装卸机械工史某配合马、韩两人工作。经检查确认安全措施落实后,马、韩两人开始维修。马、韩两人装好钢丝绳,随后调节滚筒钢丝绳排列和平衡杆。马某站在吊车对面观察,在史某点动吊车调节滚筒钢丝绳排列和平衡杆的过程中,韩某突然用手去调整钢丝绳,被钢丝绳夹中右手手指(包括小指、无名指、中指、食指),后被急送往医院做手术,小指被截肢两节。

### 16.2.1.10 从众心理

当一个班组的班组长或技术负责人违章,或者看见大家以前都是这样干的,没有出现过问题,自己这样做也应没有问题,于是大家就会对违章违纪习以为常,这样就会对班组其他员工起到潜移默化的作用,即看见别人能违章违纪没出事,自己常常也跟着别人违章违纪。

### 16.2.1.11 盲从心理

有些企业的培训制度,是徒弟与师傅签订师徒合同。师傅带徒弟的过程中,将一些习惯性违章行为也传授给徒弟,如果徒弟不加辨识,全盘接受,此时,师傅就不仅成为习惯性违章行为的传播者,同时极可能成为因违章造成事故的责任者或受害者。

### 16.2.1.12 好奇心理

生产过程中,当运用一些平日难得一见的新设备、新装备时,出于好奇心理(严格讲是一种求知欲望),作业人员往往会自己动手实践一番,由于行为者对设备情况不熟悉、不了解,在这种情况下,极容易发生意外事故。

### 16.2.1.13 技术不熟练

对突如其来的异常情况,惊慌失措,甚至茫然,无法进行应急处理,难断方向。

 **案例**

某钢铁集团选矿厂生产作业区,在竖炉区班前会上,主操作工杨某临时安排皮带岗位员工顶替竖炉焙烧岗位员工,调用一员工郑某顶替皮带岗位员工。郑某在皮带卸料小车装完一个漏斗向另一漏斗运行过程中,从小车操作箱下钻行时,下意识将左手扶在小车轨道上,结果被运行的卸料小车轮压伤。经医院治疗,将左手食指1节、中指2节截肢。

#### 16.2.1.14 缺乏安全知识、不知不觉违章

对正在进行的工作应该遵守的规章制度根本不了解或一知半解，工作起来凭本能、热情和习惯。对用生命和血的教训换来的安全操作规程知之甚少，因而出事的可能性就大。

**案例**

某年冬天的一个晚上，刚刚参加工作不久的许某依照惯例进行夜间巡检，按照包机制度要求来到合成车间铜洗岗位变电所进行例行检查。当许某打开一台铜液泵电路控制柜时，发现控制电路的三相线中有一相的保险丝熔断了，心想问题不大，找一截保险丝换上就是了……就在这么一个念头的驱动下，他竟然连动电最起码的常识都忘了，徒手找来一段保险丝准备把熔断的地方接上。就在许某拿保险丝触到断点的瞬间，可怕的一幕发生了，随着一束刺眼的电弧光闪过，许某被重重地击倒在地，大脑一片空白，跟踉跄跄地爬出了变电所。

### 16.2.2 物的不安全因素引发违章

在实际工作中，有部分违章是由于外界条件的影响或限制，导致直接诱发员工违章行为的发生。

#### 16.2.2.1 人机界面设计不合理

作业人员使用的工器具，由于人机界面设计不适应操作安全、高效、方便、宜人等要求，是引发人员违章操作的一个重要原因。在我国，目前生产安全工器具的企业尚未全面实行产品安全质量认证制度，生产产品的企业对安全工器具人机界面是否适应操作需要的考虑很少，员工在使用过程中感到别扭难受，导致员工不愿意佩戴或使用安全工器具。比如个别企业生产的安全帽，不具备透气功能，在炎热的气候下，员工佩戴此类安全帽在野外露天作业时容易出现中暑现象。

#### 16.2.2.2 作业环境不适

作业环境不适应员工操作也是引发违章违纪操作的一个重要原因，比如工作现场的噪声、高温、高湿度、臭气等使人难以忍受，导致员工急于避开那个环境，或者作业面空间过于窄小，难以按规程作业等。正是由于存在这些原因，一方面容易导致工作质量无法保证，另一方面就易引发员工违章违纪冒险作业等。对此，管理技术人员应根据实际情况，并按照科学性和合理性原则进行制定具体施工措

施和方案。

#### 16.2.2.3 生产管理不善

生产管理不善是产生违章的重要原因，安全系统工程理论特别强调"管理"的作用，认为产生事故的间接原因是管理不到位，实质上是产生事故直接原因，管理上缺陷或不善，是根本性的事故隐患。生产管理不善具体表现以下方面，如图16-2所示。

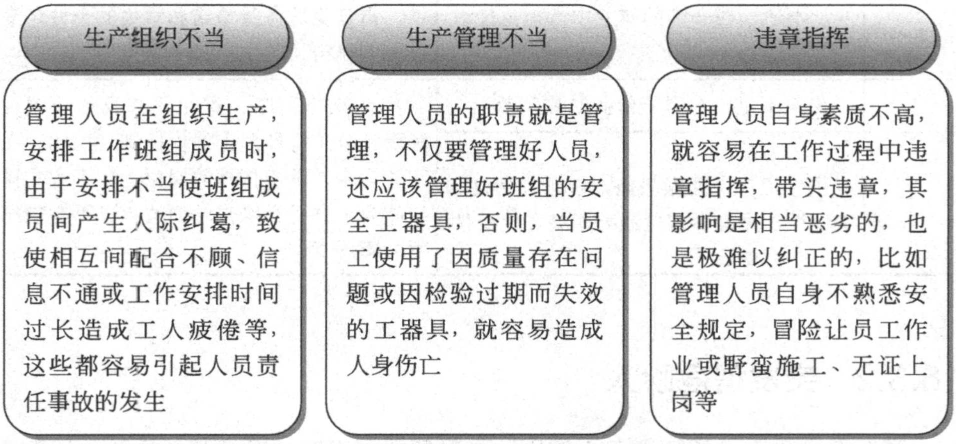

| 生产组织不当 | 生产管理不当 | 违章指挥 |
|---|---|---|
| 管理人员在组织生产，安排工作班组成员时，由于安排不当使班组成员间产生人际纠葛，致使相互间配合不顾、信息不通或工作安排时间过长造成工人疲倦等，这些都容易引起人员责任事故的发生 | 管理人员的职责就是管理，不仅要管理好人员，还应该管理好班组的安全工器具，否则，当员工使用了因质量存在问题或因检验过期而失效的工器具，就容易造成人身伤亡 | 管理人员自身素质不高，就容易在工作过程中违章指挥，带头违章，其影响是相当恶劣的，也是极难以纠正的，比如管理人员自身不熟悉安全规定，冒险让员工作业或野蛮施工、无证上岗等 |

图16-2 生产管理不善的三大表现

违章的产生原因有可能是人的因素，也有可能是物的因素，不管哪种因素，都要致力于消除。

# 16.3 习惯性违章人员的特点

习惯性违章作业人员可称为"危险人"，所谓的危险人，是指由自身条件决定的，有可能引发事故的人。"危险人"可分为固有型、突发型和积极型三大类。

## 16.3.1 固有型危险人

这类人员主要是由其自身素质所决定，大致可分为4类，对不同属性的危险人，应采取不同的对策，见表16-1。

表 16-1  固有型危险人的应对策略

| 序号 | 类别 | 应对策略 |
| --- | --- | --- |
| 1 | 业务素质较差，专业知识似懂非懂，无单独完成任务或胜任其工作能力者 | 可在教育培训上多下工夫，设法调动其主动学习、自觉钻研的积极性 |
| 2 | 生性鲁莽，干工作冒冒失失，丢三落四，不适于在严谨的作业中承担重任者 | 应采取勤开导、多谈心的办法，适当安排一些无危险的精细活使其逐步修身养性，自觉克服急躁情绪和冒失的个性，最终成为靠得住的生产骨干力量 |
| 3 | 先天不足，有碍于作业的弊病者 | 应在操作程序、作业环节及作业项目和责任分工等环节上加以控制，比如，在下达命令、承担指挥的岗位上，不宜安排口吃者；在受令操作的岗位上，不宜安排听力障碍者 |
| 4 | 生性迟钝，死搬教条，缺乏灵活性和主动性，无能力应付或处理突发性事件 | |

## 16.3.2  突发型危险人

突发型危险人是指随着身心健康、思想感情、家庭情况及其他周边环境的突发性事件而暂时形成的属于特殊时期特殊对待的人。突发型危险人的症状是工作期间情绪不稳定，大脑思维紊乱，心不在焉，办事没有头绪，大脑无法发挥指挥和控制能力，使其作业行为带有随意性，由此可见，在作业项目比较复杂、工作程序比较烦琐的工作中不宜安排突发型危险人。该种人日常不易被发现，因此也就不易被控制，所以作为一名班组长，本身不但要有过硬的作战能力和指挥能力，还得要有过细的观察能力，随时随地掌握班组每一名成员的身体、情绪等变化情况，合理慎重分配工作任务。

## 16.3.3  积极型危险人

此类人员就是在紧要关头由于过分积极，只考虑工作成效和经济效益，而忽略了安全措施和自我安全防护意识，结果由此而引发事故。这种人在工作上兢兢业业，具有一定的技术水平和实践经验或是担任一定的技术职务，对此类人员应引起足够注意，加以引导。

不同的"危险人"要用不同的方法去管理、去引导，以减少违章行为。

# 16.4 厂内常见违章行为

违章行为是指员工在生产过程中,违反国家有关安全生产的法律、法规、条例及单位安全生产规章制度进行违章指挥、违章操作的不安全行为。

厂内常见违章表现如下。

## 16.4.1 违反劳动纪律

(1) 在工作场所、工作时间内聊天、打闹。
(2) 在工作时间脱岗、睡岗、串岗。
(3) 在工作时间内看书、看报或做与本职工作无关的事。
(4) 酒后进入工作岗位。
(5) 未经批准,开动本工种以外设备。

## 16.4.2 不按规定穿戴劳动保护用品、使用用具

(1) 留有超过颈部以下长发、披发或发辫,不戴工作帽或戴帽不将头发置于帽内就进入有旋转设备的生产区域。
(2) 高处作业或在有高处作业、有机械化运输设备下面工作而不戴安全帽。
(3) 操作旋转机床设备或进行检修试车时,敞开衣襟操作。
(4) 在易燃、易爆、明火等作业场所穿化纤服装操作。
(5) 在车间、班组等生产场所赤膊、穿背心。
(6) 从事电气作业不穿绝缘鞋。
(7) 电焊、气焊(割)、碰焊、金属切削等加工中有可能有铁屑异物溅入眼内而不戴防护眼镜。如图16-3所示。
(8) 高处作业位置非固定支撑面上,或在牢固支撑面边沿处,或在支撑

图16-3 电焊违章操作

(电焊时违章操作,未戴防护眼镜)

面外和在坡度大于45°的斜支撑面上工作未使用安全带。

### 16.4.3 违反安全生产管理制度

（1）操作前不检查设备、工具和工作场地就进行作业。
（2）设备有故障或安全防护装置缺乏、凑合使用。
（3）发现隐患不排除、不报告，冒险操作。
（4）新进厂工人、变换工种复工人员未经安全教育就上岗。
（5）特种作业人员无证操作。
（6）危险作业未经审批或虽经审批但未认真落实安全措施。
（7）在禁火区吸烟或明火作业。
（8）封闭厂房内安排单人工作或本人自行操作的。

### 16.4.4 违反安全操作规程

（1）跨越运转设备，设备运转时传送物件或触及运转部位。
（2）开动被查封、报废设备。
（3）攀登吊运中的物件，以及在吊物、吊臂下通过或停留。
（4）任意拆除设备上的安全照明、信号、防火、防爆装置和警示标志，以及显示仪表和其他安全防护装置。
（5）容器内作业时不使用通风设备。
（6）高处作业往地面扔物件。
（7）违反起重"十不吊"、机动车辆驾驶"七大禁令"。
（8）戴手套操作旋转机床。
（9）冲压作业时手伸进冲压模危险区域。
（10）开动情况不明的电源或动力源开关、闸、阀。
（11）冲压作业时不使用规定的专用工具。
（12）冲压机床配备有安全保护装置而不使用。
（13）冲压作业时"脚不离踏"。
（14）站在砂轮正前方进行磨削。
（15）进行调整、检查、清理设备或装卸模具测量等工作时不停机断电。

在班组生产活动中，班组长要善于观察、总结有哪些常见的违章行为，并致力于消除常见的违章行为。

## 16.5 违章发生的规律

规律是指事物之间的内在的必然联系,决定着事物发展的必然趋向。违章发生的规律,就是违章发生时与人、与物、与时机等有哪些必然联系。

违章属于随机事件,所以违章的具体发生是很难预测的。但是,随机事件也有规律可循,通常遵循"大数定律"。从大量违章事件统计分析,可以得出以下规律。

### 16.5.1 违章的多发时间

(1)节假日及其前后。这个时候,操作人员思想受干扰较多,工作时注意力容易分散而导致违章。

(2)交接班前后。交接班前后的一个邻近时间段,有人称之为"注意力低峰",交班者注意力放松,接班者则还没有完全进入"角色"。有时在交班前,为了赶在下班前完成某项任务,草草收尾,因而遗漏某个操作或有意违规,以达到加快完成任务的目的,结果导致严重的事故。在交接班前后,不但容易违章而导致事故发生,而且一旦发生事故,由于不易做到指挥统一、协调一致,还可能扩大事故范围。

(3)根据异常事件按时间分布的统计,结果表明异常事件的发生率在凌晨4:00~6:00出现峰值。这个时间,通常人是最容易犯困的时候,思想较难集中所以容易违章。

### 16.5.2 违章的多发作业

(1)高空作业。高层建筑、架桥、大型设备吊装。
(2)地下作业。煤矿井下、地下隧道作业等。
(3)带电作业。
(4)有污染的作业。比如,在高噪声、含有毒物质、有放射性物质的环境下作业。
(5)在交叉路口、陡坡急转弯;闹市区行车、雾天行车或飞机航行。
(6)复杂操作。如飞机起飞、着陆过程;复杂系统的启动过程(核电厂反应堆启动过程)。
(7)单调的监控作业。随着自动化程度的日益提高,许多手工操作由机器完成,人们只起监控作用。在绝大多数情况下,机器正常运行,虽然人的工作负荷很小，但又不能离开作业区域或做其他事情，此时非常容易产生心理疲劳从而导致违章。

（8）单独外出作业或工作小分队外出作业，由于缺乏现场监督而违章。

### 16.5.3　违章的多发行业

违章在维修行业中，特别是在电气维修中更为普遍，尤其是在电气抢修中。

### 16.5.4　违章容易发生在人处于自己生物节律的临界期或低潮期

人体生物节律是指人从出生那天起，其体力、情绪和智力就开始分别以23天、28天、33天的周期从"高潮期→临界期→低潮期→临界期→高潮期……"的顺序，循环往复，各按正弦曲线变化，直至生命结束。人的行为受这三种生物节律的影响。在高潮期，人处于相应的良好状态，表现为体力充沛、精力旺盛、心情愉快、情绪高昂、思维敏捷、记忆力好。在低潮期，人则处于较差状态。生物节律曲线与时间轴相交的前后2～3天为"临界期"，人处于此时，其体力、情绪和智力正在变化过渡之中，这一时期是最不稳定的时期，人的机体各方面协调性差，最易出现违章行为。

### 16.5.5　其他情况的多发

（1）责任心和安全意识比较差的人容易违章。
（2）对所从事的工作不感兴趣的人容易违章。
（3）有些违章出于一时的错误闪念。

班组长平时要留意观察，尽量掌握本班组作业人员违章发生的规律，使自己可以有针对性地解决问题。

## 16.6　班组怎样杜绝习惯性违章

杜绝是指采取相应的措施完全地拒绝，从而使习惯性违章不再发生。

杜绝违章行为的关键在于遵章守纪，而遵章守纪的关键是全体员工对遵章守纪的正确认识，只有科学的认识，才会有科学的态度，才能克服侥幸心理，才能自觉地约束自己遵章守纪。

班组杜绝习惯性违章的方法有很多，如图16-4所示。

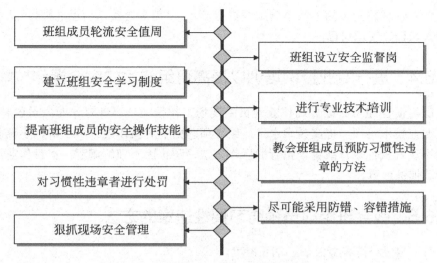

图 16-4　班组杜绝习惯性违章的方法

## 16.6.1　班组成员轮流安全值周

班组成员轮流值周，就是班组的所有成员，依次分别轮流担任一周的班组安全员，在每天班组会上由轮值员进行几分钟的班组成员遵章守纪讲评与自查互查相结合的群查活动，在生产过程中发现班组成员有违章违纪行为时，班组安全轮值员应立即提出纠正意见，情况严重的，造成事故险兆的，应按照"三不放过"的原则组织集体讨论，提高认识，找出原因，订出措施，吸取教训，防微杜渐。

## 16.6.2　班组设立安全监督岗

生产班组在现场作业时，由于作业面广，企业、车间以及班组的安全管理人员不可能每时每刻都在每一个生产现场，班组长也不可能每时每刻都照顾到每一名员工。可以考虑设立一个安全监督岗，具体做法是：在班组设立安全监督岗，根据班组的实际情况以及工作范围，在班组成员中，挑选 3～4 名综合技术素质过硬的员工作为班组安全监督岗的成员，确保在班组的生产作业现场都有一名安全监督员，具体负责规范班组作业人员的作业行为。

## 16.6.3　建立班组安全学习制度

定期举行班组安全学习是一项行之有效的方法。在班组安全学习会上，可以对本周班组发生的不安全行为，具体分析违章违纪的发生过程及发生的状况，或者有针对性地将别人的事故事例组织进行学习,"前车之鉴,后世之师",从中汲取别人教训,警示自己。

### 16.6.4 进行专业技术培训以提高班组成员的安全操作技能

反习惯性违章必须提高作业人员的现场工作技能,可针对作业人员的特点,开展专业技术培训,提高技术水平,纠正那些由于对操作规程不了解、不熟悉而长期不认真执行规程或错误执行的操作方法,防止因不理解规程,盲目作业而引起的习惯性违章。

### 16.6.5 教会班组成员预防习惯性违章的方法

(1) 自觉破除模糊意识,端正态度。
(2) 不断学习本专业的安全规程。
(3) 要力戒在自己身上出现习惯性违章。
(4) 当别人制止自己的习惯性违章时,应虚心接受。
(5) 当发现习惯性违章行为时,应勇于制止或劝阻,使其消灭在萌芽状态。
(6) 要善于从正反两方面的典型事例中予以借鉴,不断提高自己的防护能力。

### 16.6.6 对习惯性违章者进行处罚

对于习惯性违章者要坚持重罚的原则,对于习惯性违章者的处罚手段大致有以下6种。

(1) 让习惯性违章者抄写安全规程。
(2) 让习惯性违章者做检讨,写出保证书。
(3) 让习惯性违章者当义务安全员,纠正违章行为。
(4) 举办培训班,让习惯性违章者学习安全生产方针政策、法律法规和规章制度。
(5) 对严重的习惯性违章者采取下岗待业措施。
(6) 利用宣传媒介对习惯性违章行为予以曝光。

### 16.6.7 尽可能采用防错、容错措施

人是最可靠也是最不可靠的,人行为的可靠性是很难预测的。尽管上述措施都能减少违章的发生,但这些措施都不能保证人不再违章,所以需要防错、容错措施。比如,提高操作规程的可操作性,在重要操作步骤前加提示,以免遗漏;

强化按照规程进行操作的训练,强化对重要操作进行监护的训练;定期检查危险点、危险源,并使操作者熟知,而不敢轻易违章。增加各种硬件的防错、容错功能,比如,有人闯入禁区会立即出现报警信号;机件的设计使得不按次序拆卸或装配成为不可能等。

### 16.6.8 狠抓现场安全管理

现场是生产的场所,是员工生产活动与安全活动交织的地方,也是发生"习惯性违章",出现伤亡事故的源地,狠抓现场安全管理尤为重要。要抓好现场安全管理,安监人员要经常深入现场,不放过每一个细节。在第一线查"习惯性违章"疏而不漏,纠违章铁面无私,抓防范举一反三,搞管理新招迭出,居安思危,防患于未然,把各类事故消灭在萌芽状态,确保安全生产顺利进行。

同时,应加强现场作业环境的管理,不断改善作业条件。因为人的安全行为除了内因的作用和影响外,还受外因的作用和影响。环境、物的状况对劳动生产过程的人也有很大的影响。如果环境差、物设置不当,会出现这样的模式:环境差——人的心理受不良刺激——扰乱人的行动——产生不安全行为;物设置不当——影响人的操作——扰乱人的行动——产生不安全行为。反之,环境好,能调节人的心理,激发人的有利情绪,有助于人的行为;物设置恰当、运行正常,有助于人的控制和操作。因此,要控制习惯性违章,保障人的安全行为,必须创造良好的环境,保证物的状况良好和合理,使人、物、环境更加协调,从而增强人的安全行为。

拒绝习惯性违章的方法非常多,但是班组长一定要具体情况具体应用。

---

附:常见习惯性违章的表现及纠正措施

1. 工作场所不能保持清洁

【举例】在工作现场随意堆放工器具和用料,每天工作结束前,不进行工器具和用料的归整与摆放,不打扫工作场所即下班。

【纠正方法】应向班组员工讲清楚:良好的作业环境是保证安全生产的重要条件,工作现场的工器具和用料摆放无序,地面不整洁,不仅会给正常工作造成不便,而且还可能伤害作业人员。应依据安全规程要求,督促并教育员工养成保持作业现场整洁、文明施工的良好习惯。

2. 将消防器材移作他用

【举例】有的工作人员在开门后随手用灭火器挡门和移动灭火砂箱作登高物。

【纠正方法】应讲清楚：消防器材平时摆放在生产厂房或仓库内，一旦着火时用以灭火，随意把灭火器材移作他用，会损坏它的性能；如果不放原处，起火时手忙脚乱，找不到灭火器材灭火，会造成更大的损失。应经常检查消防器材是否妥善保管，如发现移作他用应立即整改。

3.在工作场所存放易燃物品

【举例】把没用完的易燃物品随手放在工作场所的角落或走廊，准备下次再用。

【纠正方法】应讲清楚：在工作场所存放汽油、煤油、酒精等易燃物品既会污染工作环境，还容易引起燃烧和爆炸，因此，禁止在工作场所存储易燃物品。

作业人员应准确估算领取的易燃物品。领取的易燃物品应在当班或一次性使用完，剩余的易燃物品应及时放回指定的储存地点。对随意在工作场所存放易燃物品的现象，一经发现必须严肃处理。

4.不按规定穿工作服

【举例】有的工人穿用工作服时，衣服和袖口不扣好；有的女员工进入生产现场穿裙子和高跟鞋，辫子或长发不盘在工作帽内。

【纠正方法】应讲清楚：不按规定规范着装，衣服或肢体可能被转动的机器绞住或绞伤，因此，必须按规定着装。在作业前，班组长应对着装进行严格检查，不按规定着装的不准上岗作业。

5.接触高温物体工作，不戴防护手套，不穿专用防护服

【举例】有的工人不戴手套和不穿用防护工作服就参加接触高温的作业，还振振有词地说："穿防护服不灵便，只要小心谨慎，不戴防护手套也不会出事"。

【纠正方法】应讲清楚：接触高温物体，工作时如果不戴防护手套，不穿专用防护工作服，就有可能被烫伤。列举不按规定着装被烫伤的事故，从中吸取教训，作业前应进行认真检查。对接触高温物体，不戴防护手套、不穿用防护工作服者，不准上岗。

6.在机器转动时装拆或校正皮带

【举例】有的工人在机器转动时，动手进行校正或者装拆皮带，面对纠正和劝阻，他们不以为然地说："以前老师傅都这么做，我们这么做也不会出事。"

【纠正方法】应讲清楚：装拆或校正皮带必须在机器停止时进行，否则有可能绞伤手指或手臂。经常列举在机器转动时装拆或校正皮带发生的血淋淋的事故，从中吸取教训。对违章操作者应及时纠正，严肃查处。

7.在机器未停止前,进行修理工作

【举例】有的员工发现机器出现小故障,在机器未完全停止以前便进行修理,并且说:"小故障,随手修理一下不影响工作,等机器完全停止,排除故障再重新启动,影响工作效率。"

【纠正方法】应讲清楚:在机器未完全停止之前,不能进行修理工作。经常列举有关事故案例,讲清在机器完全停止之前进行修理工作,极有可能诱发事故。对违章操作者应及时纠正、处罚。

8.在机器运行中润滑转动部位

【举例】有的工人在机器运行中,清扫、擦拭或润滑转动部位,这样做非常危险,有可能导致手部或臂部被机器绞伤。

【纠正方法】应讲清楚:在机器转动时,严禁清扫、擦拭或润滑转动部位,只有确认对工作人员确无危险时,方可用长嘴壶或油枪往油盅内注油。讲解在机器运行中擦拭、清扫和润滑所引发的事故案例,从中吸取教训。对违章操作者,及时纠正。

9.翻越栏杆,在运行的设备上行走或坐立

【举例】有的员工喜欢翻越栏杆或在运行的设备上行走或休息,认为——这是勇敢的表现,有的铤而走险,甚至为此"一赌输赢"。

【纠正方法】应讲清楚:栏杆上、管道上、靠背轮上或运行中的设备上,都属于危险部分,翻越或在上面行走和坐立,容易发生摔、跌、轧、压等伤害事故,应严格遵守劳动纪律,对违章者给予相应的处罚。

10.随便拆除电器设备接地装置

【举例】在使用电气设备中,有的员工随意拆除接地装置,或者对接地装置随意处理,认为:"电气设备绝缘没有损坏,不使用接地装置也不会触电。"

【纠正方法】应讲清楚:随意拆除接地装置,一旦电气设备绝缘损坏引起外壳带电,如果人与之接触就会触电,因此接地装置不能随意拆除,也不能对接地装置随意处理。对违反者应及时进行批评教育直至处罚。

11.使用没有防护罩的砂轮研磨

【举例】有一位工人在打磨时,使用没有防护罩的砂轮,有人提醒他,他却说:"只要自己注意,不会有危险。"结果砂轮碎裂,碎片崩出击伤了他的头部。

【纠正方法】应讲清楚:安装用钢板制作的防护罩,能有效地阻挡砂轮碎裂时的碎块,保护自己和其他人员的安全,因此禁止使用没有防护罩的砂轮。对使用未安装防护罩的砂轮的员工应及时制止。

12.忽视检查，使用带故障的电气用具

【举例】电气用具在使用前，必须进行认真检查，但有的员工却说："昨天使用时一切正常，再重新检查没啥必要。"

【纠正方法】应讲清楚：由于忽视检查，常使电气用具存有故障而无法察觉，比如电线漏电、没有接地线、绝缘不良等，既有碍作业，又存在发生触电的危险，因此绝不能忽视对电气用具的检查。使用前必须检查电线是否完好、有无可靠接地、绝缘是否良好、有无损坏，并应按规定装好漏电保护开关和地线，对不符合要求的不能使用。

13.使用电动工具时不戴绝缘手套

【举例】有的工人感到戴绝缘手套工作不方便，常常徒手操作电动工具。

【纠正方法】应讲清楚：使用电动工具时戴绝缘手套，能有效地防止电弧灼伤或电击伤。在作业前进行严格检查，对不戴绝缘手套者不允许操作电动工具。

14.不熟悉使用方法，擅自使用电气工具

【举例】有的员工不熟悉电气工具使用方法，却擅自操作电气工具，造成不良后果。比如，提着电气工具的导线部位；因故离开工作场所或遇到临时停电时，不切断电源。这不仅会损坏电气工具，还有可能由于绝缘不良造成触电事故。

【纠正方法】应讲清楚：电气工具必须由熟悉其使用方法的电气工作人员使用，不熟悉其使用方法的人员，不能擅自使用。对擅自使用电气工具者，应及时制止，并视情节轻重给予处罚。

15.不熟悉使用方法，擅自使用风动工具

【举例】有的员工不熟悉风动工具的使用方法，却操动风动工具违章作业。比如，风动工具运行时，拆换零部件，这样不仅使风动工具的性能受到损坏，而且容易造成人员身体伤害。

【纠正方法】应讲清楚：不熟悉使用方法的人员，不能使用风动工具。发现有擅自使用风动工具的，应立即劝止。

16.不对易燃易爆物品隔绝即从事电、火焊作业

【举例】在进行电、火焊作业时，对附近的易燃易爆物品必须采取可靠的隔绝措施，但有的焊工明知附近有易燃易爆物品，却不采取隔绝措施，结果在从事电、火焊作业时焊花飞溅，将易燃易爆物品引燃，引起火灾。

【纠正方法】应讲清楚：对易燃易爆物品不采取隔绝措施即从事电火焊作业的危害性，在从事电火焊作业时必须办理相关工作票，对现场存有易燃易爆物品，采取可靠的隔离措施后方可作业。

17.戴线手套用手转动转子

【举例】有的工人站在汽轮机汽缸水平接合面上，戴线手套用手转动转子，时常发生转子将手套挂住而绞伤手指。

【纠正方法】应讲清楚：动转子时戴线手套的危害性。加强监护，对戴线手套用手转动转子的，应立即劝阻，并给予批评教育。

18.随意进入井下或沟内工作

【举例】有的工人发现电缆沟、输水沟、下水井或排污井故障，未做好安全措施盲目地入内排除，结果因地沟或井下通风不良而窒息。

【纠正方法】应讲清楚：进入电缆沟、下水井或排污井内工作，必须经过运行班长许可，工作前，必须检查这些地点是否安全，通风是否良好，有无瓦斯存在，并设专人监护。未经许可不得进入井下和沟道内工作。

19.站在梯子上工作时不使用安全带

【举例】在容器、槽箱内工作时，有的工人站在梯子上，却不使用安全带，认为只要站得稳，不会出事，结果从梯子上跌落而摔伤。

【纠正方法】应讲清站在梯上工作使用安全带的必要性，安全带的一端应拴在高处牢固的地方，对上梯工作未使用安全带的工人，应督促他们立即拴好安全带，以防万一。

20.监护人同时担任其他工作

【举例】在容器、槽箱内工作时，外面设有监护人，如果监护人不注意观察或倾听容器内或槽箱内工作人员的情况，而是从事其他方面的工作，就是严重的失职。如果容器或槽箱内人员发生险情，监护人不能及时发现和救护，就会导致人员伤害。

【纠正方法】应教育监护人增强责任感，集中精力做好监护工作。对监护人不能分配其他工作，确保专人做好监护工作。

21.用肩扛、背驮或怀抱的方法搬运危险品

【举例】搬运装着浓酸或浓碱溶液等危险品装置时，有的工人采取肩扛、背驮或怀抱的方法，这样做非常危险，如果滑落将会被砸伤，溶液溢出，人体会被灼伤。

【纠正方法】应讲清楚：用肩扛、背驮或怀抱的方法搬运危险品存在的危险性，禁止使用这些方法搬运。发现有人肩扛、背驮或怀抱搬运时，应立即劝止并纠正。

22.将酸洗废液直接排入河流

【举例】使用酸碱类的药液酸洗后，有的单位图方便，把酸洗废液直接排入河流，这是绝对不允许的。酸洗废液排入河流，会造成河水的污染，危

害水里的生物，如果被人饮用还会对人体造成危害。

【纠正方法】应讲清将酸洗废液直接排入河流的危害性，树立保护环境的意识。发现有人把酸洗废液直接排入河流时，应立即制止，并报告有关部门处理。

23. 把安全带挂在不牢固的物件上

【举例】有的工人在高处作业时，安全意识淡薄，不注意检查，随意将安全带挂在不牢固的物件上。如果人员从高处坠落，安全带就起不到保护作用，而发生人员伤亡。

【纠正方法】选择悬挂安全带的物件，必须牢固可靠，班组员工应互相监护，认真检查，发现安全带悬挂不牢固时，应督促其摘下重新选择牢固可靠的地点。

24. 高处作业不使用工具袋

【举例】高处作业时，有的工人嫌麻烦，不使用工具袋，工具随便放置，极易导致高处坠物伤人事故。

【纠正方法】应讲清楚：高处作业必须使用工具袋，高处作业时把工具装在袋中，较大的工具还应用绳索挂在牢固的物件上。对高处作业不使用工具袋者，应严厉批评教育并予以处罚。

25. 高处作业时，将工具及材料随意上下抛掷

【举例】在高处作业时，有的工人不是用绳索系牢工具或材料吊送，而是上下抛掷，这样做，不仅会损坏工具或材料，还容易打伤下方的工作人员。

【纠正方法】应讲清将工具及材料上下抛掷的危险性，应采取绳索上下传递工具或材料。对违反规定的行为应立即制止，并给予相应的处罚。

26. 在不坚固的结构上侥幸工作

【举例】登高作业时，有的工人不注意检查所登的物体是否坚固，有的工人在石棉瓦的屋顶部作业未采取防坠措施，结果石棉瓦坍塌，人员被摔伤。

【纠正方法】在作业前，应认真检查所处的环境是否坚固，如果不坚固时，应选择坚固的物体。发现有人在不坚固的物体上作业时，应及时提醒让其停止作业，采取牢靠的安全措施后再作业。

27. 使用吊栏工作时不使用安全带

【举例】有的工人认为站在吊栏里工作安全，因而不使用安全带，如果吊栏发生故障坠落，人也同吊栏一起坠落而受伤害。

【纠正方法】应讲清用吊栏工作时使用安全带的必要性。要把安全带拴

在建筑物的可靠处所。对不使用安全带的工人,应劝其使用,否则,不许其在吊栏内工作。

28. 站在梯顶工作

【举例】有的工人在作业时,站在梯顶上,这是不允许的。《安全规程》规定:工作人员必须登在距梯顶不少于1米的梯蹬上工作。如果站在梯顶上,或者站的梯蹬离梯顶少于1米处,人体就会失去依托,容易从梯子上坠落而摔伤。

【纠正方法】应讲清登梯位置不正确存在的危险性和掌握正确的登梯方法。加强监护,发现登梯位置不正确的工人,应及时纠正。

29. 将梯子放在门前使用

【举例】有的工人在工作时,将梯子放在门前使用,如果门被推开,很容易把梯子推倒,造成梯上工作的人员坠落。

【纠正方法】应讲清将梯子放在门前使用存在的危险性,严禁在门前使用梯子,如果必须在门前使用时,应采取防止门突然开启的措施或指定专人看守。

30. 车未停稳便上、下车

【举例】在装卸物件时,车还未停稳,有的工人便抢先上车或下车,这样极易造成摔跌事故。

【纠正方法】应了解车未停稳便上下车的危险性,待车停稳后,才能上下车。对车未停稳便抢先上车或下车的工人,应给予批评教育。

31. 在带电作业过程中设备突然停电时,视为设备无电

【举例】在带电作业过程中设备突然停电时,有的工人便认为此时的设备已经无电,因而放弃防止触电的保护措施,这样做是十分危险的,如果突然恢复送电,或者设备因短路而部分停电,与设备接触就会发生触电事故。

【纠正方法】应讲清在带电作业过程中,如果设备突然停电,必须视同设备带电,仍要按照带电作业的要求进行工作。对视为设备不带电的麻痹大意思想,应及时教育帮助并立即加以纠正。

32. 等电位作业传递工具和材料时,不使用绝缘工具或绝缘绳索

【举例】在等电位作业时,有的作业人员与地面作业人员互相传递工具和材料时,不使用绝缘工具或绝缘绳索,结果造成触电。

【纠正方法】应讲清用绝缘工具或绝缘绳索传递工具和材料的必要性,一切工具和材料的传递,必须使用绝缘工具或绝缘绳索。对不使用绝缘工具或绝缘绳索的,应立即纠正。

第16章 消除习惯性违章

33. 带电断开或接续空载线路作业时不戴护目镜

【举例】在进行带电断开或接续空载线路作业时，有的工作人员不带护目镜，往往被电弧灼伤眼睛。

【纠正方法】应了解在进行带电断接空载线路时戴护目镜的作用，不带护目镜时，不能从事这类作业。在作业中，不仅要带护目镜，还应采取消弧措施。

34. 电器设备着火，使用泡沫灭火器灭火

【举例】有的工作人员在电器设备着火时，慌乱之中，用泡沫灭火器灭火，结果适得其反，越喷火焰越大。

【纠正方法】应让员工懂得灭火器的不同性能和用途。扑灭电器设备火灾，只能使用干式或二氧化碳灭火器，不得使用泡沫灭火器。泡沫灭火器只能用于扑救油类设备起火。电器设备起火时，应沉着冷静，选取干式或二氧化碳灭火器灭火。

35. 在带电设备周围，使用钢卷尺测量

【举例】在带电设备周围进行测量工作时，有的工作人员使用钢卷尺、皮卷尺，如果手拿的这些导体类工具与带电设备接触，人员就会触电。

【纠正方法】应了解在带电设备周围进行测量工作，必须使用绝缘体的尺子，发现使用钢卷尺等导体类的量具时应立即纠正，讲清为什么不能使用的道理。

36. 铣床作业时，立铣不设安全罩

【举例】某工人使用立式单轴木工铣床裁木板时，左手在前，右手在后，木板被裁剩30毫米时，突然凹刀，右手指伸进铣刀内被绞掉。

【纠正方法】应明确，立铣应设安全罩，方能进行工作。要严格检查，对立铣不设安全罩即进行工作的现象，应立即纠正，并设置安全罩。

37. 从事切割作业之前，不清理现场

【举例】某钳工班工人到厂房内切割钢筋，未清理现场，掉落的铁屑和火花溅到附近的一堆木屑上，引起火灾。

【纠正方法】应对员工加强危险意识教育，从事切割作业之前，应首先清理现场，清除作业环境中的不安全因素。对不清理现场即从事切割的工人，应立即劝阻停止工作并予以处罚。

38. 擅自销毁爆炸物品

【举例】某工区爆炸杆塔基础作业结束后，还剩一支雷管。一名工人欲将其处理掉，他从别人手中拿过正在燃烧的导火线，误将燃烧的一头插入雷管，当即引爆，将其右手三个指头各炸断一节。

【纠正方法】应明确：个人不得擅自处理销毁爆炸物品，对违反规定、擅自处理销毁爆炸物品的，应进行严肃的批评教育和处罚。

39.透视工作不拉警戒绳，不挂警告牌

【举例】某热电厂工人做全屏探伤透视时，不挂警告牌，不设围栏，也不进行监护，结果射源被一名工人拿走，又扔进垃圾箱里，使9人受到不同程度的辐射伤害。

【纠正方法】应明确在金属探伤透视工作中，必须严格采取设围栏、挂警告牌、封闭现场等措施，同时加强监控。对不遵守上述规定的，应严加处罚。还应宣传射源射线防护知识，任何人都不得随意进入探伤透视危险区域和拾捡射源等危险品。

40.阀门不严漏水，往乙炔罐内填放电石

【举例】某工人发现乙炔发生器水门关闭不严漏水，就用钢锉锉一些碎电石放进乙炔罐里。就在一瞬间，罐内产生的乙炔气体发生爆炸，这名工人被爆炸气体抛出2米多远，身体被严重烧伤。

【纠正方法】应该明确：当发现阀门不严漏水时，应进行检修，不能往乙炔罐内填充碎电石，因为倒入碎电石会产生乙炔气体，与空气混合即会引起爆炸。应加强监护，对违反规定者，应及时制止并给予相应的处罚。

41.带压力紧固罐车人孔盖螺丝

【举例】某厂化学检修班用压缩空气卸碱罐车，当发现人孔盖漏气时，便到罐车上带压紧螺丝，作业中，人孔盖因螺栓滑扣而崩开，操作人员被气浪掀起摔跌在站台上。

【纠正方法】应讲清带压紧人孔盖螺丝存在的危险，严禁带压紧人孔盖螺丝，采用压缩空气卸车时，还应有防止超压的技术装置。对带压力松紧人孔盖螺丝的行为，应及时纠正。

42.带电拆除试验夹

【举例】某工人在拆除电能表试验用的线夹时，未将电源开关断开就去拆线，他用左手握住B相线夹，右手去拆C相线夹，不慎碰到线夹前的金属部分触电。

【纠正方法】应讲清带电拆除试验线夹存在的危险，严格执行在工作结束后要断开电源及不得带电拆除试验线夹的规定。对违章带电拆除试验线夹的，应立即制止并严肃处罚。

43.签发违章冒险的施工方法的工作票

【举例】某供电公司在更换变压器台二次大梁、台板和装二次开关作业前，工作票签发人竟确定利用本身变压器台电源，到现场钻孔，又许可多次送电，致使送电后坐在变压器台休息的一名工人，误触带电的避雷器引线端子而死亡。

【纠正方法】应认清工作票对保护作业安全的重要性。在签发工作票时，所确定的施工方法应科学合理并符合安全规程的要求。对签发违章冒险施工方法的工作票，作业人员有权加以拒绝。

44. 监护人从事其他工作，监护失职

【举例】某班在一次检修线路收尾工作时，监护人忙于地面其他工作，放弃了监护职责，恰在此时，一名作业人员误登带电设备，头部碰到高压引流线触电。

【纠正方法】应教育监护人员认清监护工作的重要职责，必须集中精力、恪尽职守地从事监护工作，不能做其他工作。对从事其他工作的监护人应及时提醒和劝阻，并给予适当的处罚。

45. 监护人暂离作业现场未指定临时接替人

【举例】某变电所在一次检修时，监护人被指派去库房取绝缘杆，临走时，监护人分派了工作，没有指派临时监护人，致使一名工人送扳手返回时，误登有电的主变压器二次开关A相触电坠地。

【纠正方法】应认清监护人暂离作业现场不指定临时接替人存在的危险。监护人必须始终在工作现场，因工作需要暂时离开现场时，应指定能够胜任的人员临时接替，电气作业没有指定监护人的，应停止作业。

46. 接受命令后不做复诵即操作

【举例】某发电厂在将线路656号断路器断开作业中，一个工人接到命令后，不做复诵，就走到更衣箱处换衣服，然后在无人监护情况下，走向66kV变电所，误拉636东隔离开关，在拉隔离开关中发现有强烈的弧光，才发现拉错了。

【纠正方法】应讲清接受命令后不做复诵即操作存在的危险。在作业中，应执行唱票复确制以明确任务，不得在无人监护下擅自操作。对不做复诵的，应及时纠正并严厉处罚。

47. 领导进入生产现场不穿戴工作服被烫伤

【举例】某锅炉分厂党支部书记、主任得知炉冷灰斗上部堵灰后，没有穿工作服，只穿短裤、汗衫即赶到现场，这时，从灰口检查门喷出大量热灰，将其大腿和小腿烫伤。

【纠正方法】进入生产现场不穿工作服随时存在着被伤害的危险，特别是单位领导更应带头严格执行有关穿用工作服和安全帽的规定。不按规定穿用工作服和安全帽的领导，不能进入生产现场。

**48.在存有汽油等易燃易爆场所明火照明**

【举例】某发电厂一名值长下到水泵室去检查设备和观察水位时,因照明灯离泵室地面较高,又忘带防爆手电筒,看不清水位,便划火柴照明,只听"轰"的一声,身旁的一小桶汽油产生爆燃,这名值长被严重烧伤。

【纠正方法】应讲清在存有汽油等易燃易爆场所明火照明的危险。在存有汽油等易燃易爆物品的场所,严禁明火照明。对明火照明的,应及时制止。

**49.火焊切割前不彻底清洗装有易燃品的物品**

【举例】某工厂一名工人在用火焊切割盛装氯丁胶(黏合剂)的铁筒时,没作彻底清洗,先用火点燃筒盖做试验,没点着,便去切割。作业中,筒里的残渣起火爆燃,一声巨响,将筒底崩离10多米远。

【纠正方法】应讲清楚:火焊切割装过易燃易爆物品的物体之前,须对其进行彻底清洗,不能留有残渣。

**50.使用有缺陷的工器具**

【举例】某供电公司在接线路侧的引流线线夹时,由于没做检查,绝缘杆上部线夹顶丝退扣,卡的不紧,并且杆体太长,在操作中发生晃动,线夹脱离,使已带电的部分引流线对刀间架构接地放电,造成停电事故。

【纠正方法】应讲清使用有缺陷的安全工器具存在的危险。作业前,应对工器具进行认真检查,有缺陷的工器具维修好后再使用。

**51.电气设备不接地漏电**

【举例】某工厂一名工人下到磨煤机油泵坑检查油压表,坑底有12厘米深的积水,正在用潜水泵抽水,因未接地线,潜水泵漏电,他触电摔倒在地面。

【纠正方法】应讲清电气设备不接地线存在的危险。电气设备必须接地,没有接地的不能使用。

**52.危险作业不挂警示牌**

【举例】在给厂区浴池蒸汽管道维修时,一名工人关闭了蒸汽门,却不挂警示牌。另一名工人接到厂里电话要求送汽,以为浴池里面无人就打开蒸汽门。一股热气冲出,把那名正在作业的工人的脚烫伤。

【纠正方法】应讲清危险作业不挂警示牌存在的危险。从事危险作业之前,应悬挂警示牌或专人监护。加强安全监督检查,对危险作业不挂警示牌的,及时纠正并予以处罚。

**53.非指挥人员进行指挥**

【举例】某起重班在卸平车上的箱体时,吊钩碰到上层箱体的边缘,只好重新捆绑。这时，一名工人来到吊车前，见大家正在忙活，便跳上平车，连喊带比划，指挥司机继续绷绳，结果，发生溜绳，箱体被甩下来，他也随箱体摔到地面。

【纠正方法】应讲清非指挥人员进行指挥存在的危险。非指挥人员严禁指挥。对非指挥人员进行指挥的，应立即劝阻并给予相应处罚。

54.作业时与他人闲谈

【举例】某发电厂2号炉司炉在工作时，与他人闲谈，不去观察表计的变化，当发现炉膛负压突然增大后，未采取补救措施，导致锅炉灭火。

【纠正方法】应讲清工作时与他人闲谈的危害，要求工人严格遵守运行纪律，集中精力工作，严禁工作中与他人闲谈。

55.阀门井内作业，竟用氧气通风驱烟

【举例】某厂在近年内连续两次发生在阀门井内作业，工人随意用氧气通风驱烟，造成作业人员烧伤事故。

【纠正方法】应讲清在阀门井内作业时，用氧气通风驱烟易引起爆燃的后果，严禁阀门井内作业用氧气通风驱烟。

56.领导干部在现场发现工人违章不及时纠正

【举例】某单位领导在现场巡视时，发现一名工人高处作业不系安全带，没有立即纠正，而是返回办公室后给安监部门打电话，让安监部门前去处理。安监人员赶赴现场途中，那名工人不慎从高处坠落致伤。

【纠正方法】严肃指出：领导干部除了带头遵章之外，发现违章要及时制止并纠正。安全工作（纠正习惯性违章）人人有责，不只是安监一个部门的事。反习惯性违章没有旁观者和局外人。领导干部发现习惯性违章行为不制止本身就是违章。

# 第17章 工伤事故的紧急处理

班组长安全管理培训手册

> **引言**
>
> 为避免事故发生后对伤员造成更大的伤害,造成伤情的进一步恶化,将事故造成的损失降至最低,班组长有必要掌握工伤事故的紧急处理顺序、紧急救助的方法及事故发生后的调查处理程序。

# 17.1 工伤事故的紧急处理顺序

工伤事故的紧急处理顺序是指事故发生后进行处理的先后次序。

## 17.1.1 工伤事故处理程序

发生工伤时，负伤人员或最先发现的人应立即报告直接管理人员，并进行相应处理。如图17-1所示。

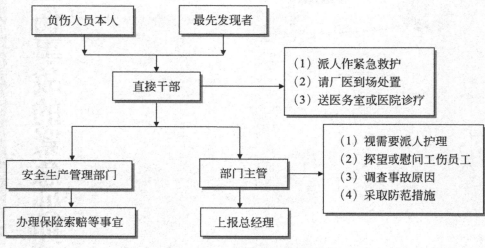

图17-1 工伤事故处理程序

## 17.1.2 工伤事故紧急处理措施

工伤事故往往具有突然性，因此在事故发生后要保持头脑清醒，切勿惊慌失措，以免扩大生产和人员的损失和伤亡。一般按以下顺序处理。

（1）切断有关动力来源，如气（汽）源、电源、火源、水源等。如图17-2所示。

（2）救出伤亡人员，对伤员进行紧急救护。

（3）大致估计事故的原因及影响范围。

（4）及时寻求援助，同时尽快移走易燃、易爆和剧毒等物品，防止事故扩大，尽量减少损失。

（5）采取灭火、防爆、导流、降温等紧急措施，尽快终止事故。

（6）事故被终止后，要保护好现场，以供调查分析。

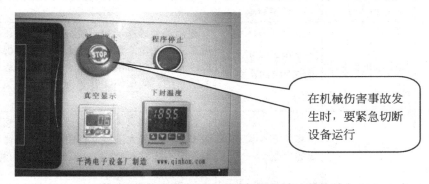

在机械伤害事故发生时，要紧急切断设备运行

图 17-2　发生机械伤害事故时要切断设备运行

事故发生时，班组长一定要沉着冷静地按照急救顺序来进行救护。

## 17.2　常用急救技术

急救技术就是旁观者能够使用的，不需要或很少需要医疗设备的，对急危重症患者采取的急救措施。

### 17.2.1　止血

可采用压迫止血法、止血带止血法、加压包扎止血法和加垫屈肢止血法等。具体见表 17-1。

表 17-1　止血方法

| 序号 | 止血方法 | 适用对象 | 操作方法 |
| --- | --- | --- | --- |
| 1 | 压迫止血法 | 适用于头、颈、四肢动脉大血管出血的临时止血 | 当一个人负了伤以后，只要立刻用手指或手掌用力压紧靠近心脏一端的动脉跳动处，并把血管压紧在骨头上，就能很快取得临时止血的效果 |
| 2 | 止血带止血法 | 适用于四肢大血管出血，尤其是动脉出血 | 用止血带（一般用橡皮管，也可以用纱布、毛巾、布带或绳子等代替）绕肢体绑扎打结固定，或在结内（或结下）穿一根短木棍，转动此棍，绞紧止血带，直到不流血为止，然后把棒固定在肢体上；在绑扎和绞止血带时，不要过紧或过松，过紧会造成皮肤和神经损伤，过松则起不到止血的作用 |

续表

| 序号 | 止血方法 | 适用对象 | 操作方法 |
|---|---|---|---|
| 3 | 加压包扎止血法 | 适用于小血管和毛细血管的止血 | 先用消毒纱布（如果没有消毒纱布，也可用干净的毛巾）敷在伤口上，再加上棉花团或纱布卷，然后用绷带紧紧包扎，以达到止血的目的。假如伤肢有骨折，还要另加夹板固定 |
| 4 | 加垫屈肢止血法 | 多用于小臂和小腿的止血 | 在肘窝或膝窝内放入棉垫或布垫，然后使关节弯曲到最大限度，再用绷带将前臂与上臂（或小腿与大腿）固定，假如伤肢有骨折，也必须先用夹板固定 |

## 17.2.2 包扎

常用的包扎方法见表17-2。

表17-2 常用的包扎方法

| 部位 | 包扎方法 | 适用对象 | 操作要领 |
|---|---|---|---|
| 头、面部外伤 | 头、面部风帽式包扎法 | 头、面部都有伤时 | 先在三角巾顶角和底部中央各打一结，形式像风帽一样，把顶角结放在前额处，底结放在后脑部下方，包住头顶，然后再将两顶角往面部拉紧，向外反折成三四指宽，包绕下颌，最后拉至后脑枕部打结固定 |
| | 头顶式包扎法 | 外伤在头顶部 | 把三角巾底边折叠两指宽，中央放在前额，顶角拉向后脑，两底角拉紧，经两耳上方绕到头的后枕部，压着顶角，再交叉返回前额打结，如果没有三角巾，也可改用毛巾，先将毛巾横盖在头顶上，前两角反折后拉到后脑打结，后两角各系一根布带，左右交叉后绕到前额打结 |
| | 面部面具式包扎法 | 面部受伤 | 先在三角巾顶角打一结，使头向下，提起左右两个底角，形式像面具一样，再将三角巾顶结套住下颌，罩住头面，底边拉向后脑枕部，左右角拉紧，交叉压在底边，再绕至前额打结，包扎后，可根据情况在眼和口鼻处剪开小洞 |
| | 单眼包扎法 | 眼部受伤 | 可将三角巾折成四横指宽的带形，斜盖在受伤的眼睛上，三角巾长度的1/3向上，2/3向下，下部的一端从耳上绕到前额，压住眼上部的一端，然后将上部的一端向外翻转，向脑后拉紧，与另一端打结 |

续表

| 部位 | 包扎方法 | 适用对象 | 操作要领 |
|---|---|---|---|
| 四肢外伤 | 手、足部受伤的三角巾包扎法 | 手、足部受伤 | 将手掌（或脚掌）心向下放在三角巾的中央，手（脚）指朝向三角巾的顶角，底边横向腕部，把顶角折回，两底角分别围绕手（脚）掌左右交叉压住顶角后，在腕部打结，最后把顶角折回，用顶角上的布带固定 |
| | 三角巾上肢包扎法 | 上肢受伤 | 可把三角巾的一底角打结后套在受伤的那只手臂的手指上，把另一底角拉到对侧肩上，用顶角缠绕伤臂，并用顶角上的小布带包扎，然后把受伤的前臂弯曲到胸前，成近直角形，最后把两底角打结 |
| 躯干 | 躯干包扎方法 | | 当背部受伤时，可采用背部三角巾包扎法；当胸部受伤时，可采用胸部三角巾包扎法；当下腹部和会阴部受伤时，可采用下腹部及会阴部包扎法 |

### 17.2.3 固定

（1）上肢肱骨骨折固定法。用一块夹板放在骨折部位的外侧，中间垫上棉花或毛巾，再用绷带或三角巾固定。若现场无夹板，则用三角巾将上臂固定于躯干，方法是：三角巾折部绕过胸部在对侧打结固定，前臂悬吊于胸前。

（2）股骨骨折固定法。用两块夹板，其中一块的长度与腋窝至足跟的长度相当。长的一块放在伤肢外侧腋窝下并和下肢平行，短的一块放在两腿之间，用棉花或毛巾垫好肢体，再用三角巾或绷带分段绑扎固定。

此外，还有前臂骨折固定法、小腿骨折固定法等。

### 17.2.4 搬运

搬运伤员也是救护的一个非常重要的环节，如果搬运不当，可使伤情加重，加大治疗难度。因此，对伤员的搬运应十分小心。具体的搬运要领见表17-3。

表17-3 搬运伤员的方法与操作要领

| 序号 | 搬运方法 | 细分 | 操作要领 |
|---|---|---|---|
| 1 | 扶、抱、背搬运法 | 单人扶着行走 | 左手拉着伤员的手，右手扶住伤员的腰部，慢慢行走，此法适用于伤员伤势较轻，神志清醒时使用 |
| | | 肩、膝、手抱法 | 伤员不能行走，但上肢还有力时，可让伤员的手钩在搬运者的颈上，此法禁用于脊椎骨折的伤员 |

续表

| 序号 | 搬运方法 | 细分 | 操作要领 |
|---|---|---|---|
| 1 | 扶、抱、背搬运法 | 背驮法 | 先将伤员支起然后背着走 |
| | | 双人平抱着走 | 两个搬运者站在同侧，抱起伤员 |
| 2 | 几种伤情搬运 | 脊柱骨折搬运 | 使用木板做的硬担架，应由2~4人抬，使伤员成一线起落，步调一致，切忌一人抬胸，一人抬腿，要让伤员平躺，腰部垫一个衣服垫，然后用3~4根皮带把伤员固定在木板上 |
| | | 颅脑伤昏迷搬运 | 搬运时要两人重点保护头，放在担架上应采取半卧位，头部侧向一边，以免呕吐时呕吐物阻塞气管而窒息 |
| | | 颈椎骨折搬运 | 搬运时，应由一人稳定头部，其他人以协调力量平直抬担架，头部左右两侧用衣物、软枕加以固定 |
| | | 腹部损伤搬运 | 严重腹部损伤者，多有腹腔脏器从伤口脱出，可采用布带、绷带固定，搬运时采取仰卧位，并使下肢屈曲 |

## 17.2.5 伤员转送时的要点

伤员转送时的要点如图17-3所示。

**迅速**　　伤员经过现场处理后，应争取时间尽快转运到已联系好的医院或急救中心，通知可能到达的时间

**安全**　　在搬运和转运途中应避免再次创伤，更应防止医源性损害，如输液过快引起肺水肿、脑水肿，或输入血制品引起溶血反应等，对有呕吐和意识不清的伤员，要防止胃内容物吸入气管而引起窒息，应持续监护，随时抢救生命危象

**平稳**　　在救护车内一般应保持伤员足向车头、头向车尾平卧，驾车要稳，刹车要缓，为使伤员情绪稳定，转运途中须镇痛，记录止痛剂的名称、药量和用药时间，但颅脑损伤、腹部损伤等慎用麻醉止痛药

图17-3　伤员转送时的要点

## 17.3 事故的调查

事故发生后的认真检查，确定起因，明确责任，并采取措施避免事故的再次发生，这一过程即为"事故调查"。事故调查的目的主要是为了弄清事故情况，从思想、管理和技术等方面查明事故原因，从中吸取教训，防止类似事故重复发生。

### 17.3.1 搜集物证

（1）现场物证包括破损部件、破片、残留物。
（2）应将在现场搜集到的所有物件贴上标签，注明地点、时间、现场负责人。
（3）所有物件应保持原样，不准冲洗、擦拭。
（4）对具有危害性的物品，应采取不损坏原始证据的安全防护措施。

### 17.3.2 记录相关材料

（1）发生事故的部门、地点、时间。
（2）受害人和肇事者的姓名、性别、年龄、文化程度、技术等级、工龄、工资待遇。
（3）事故当天，受害人和肇事者什么时间开始工作，工作内容、工作量、作业程序、操作动作（或位置）。
（4）受害人和肇事者过去的事故记录。

### 17.3.3 收集事故背景材料

（1）事故发生前设备、设施等的性能和维修保养状况。
（2）使用何种材料，必要时可以进行物理性能或化学性能实验与分析。
（3）有关设计和工艺方面的技术文件、工作指令和规章制度及执行情况。
（4）工作环境状况，包括照明、温度、相对湿度、通风、噪声、色彩度、道路状况以及工作环境中有毒、有害物质取样分析记录。
（5）个人防护措施状况，其有效性、质量如何、使用是否规范。
（6）出事前受害人或肇事者的健康状况。
（7）其他可能与事故致因有关的细节或因素。

### 17.3.4 搜集目击者材料

要尽快从目击者那里搜集材料,而且对目击者的口述材料,应认真考证其真实程度。

### 17.3.5 拍摄事故现场

(1)拍摄残骸及受害者的照片。
(2)拍摄容易被清除或被践踏的痕迹,如刹车痕迹、地面和建筑物的伤痕、火灾引起的损害、下落物的空间等。
(3)拍摄事故现场全貌。如图17-4所示。

将事故现场拍摄下来,为调查提供依据

图17-4　拍摄事故现场

### 17.3.6 填写安全事故报告书

在调查后要编写事故报告书,将相关信息进行汇报。见表17-4。

表17-4　安全事故报告书

| 事故内容 | | | |
|---|---|---|---|
| 发生单位 | | 发生地点 | |
| 见证人 | | 事故者 | |
| 发生日期 | 年　月　日 | 发生时间 | |
| 发生原因 | | | |

续表

| 事故状况 | |
|---|---|
| 处置方式 | 责任者： |
| 责任分析 | 责任者： |
| 根本对策 | 责任者： |
| 追踪检查 | 责任者： |

认可：　　　　　　审核：　　　　　　制表：

安全事故调查报告如图17-5所示。

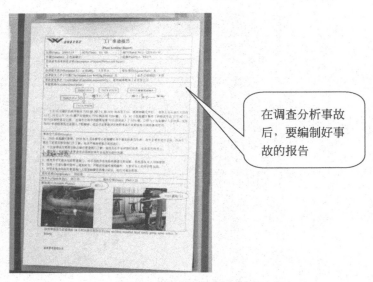

> 在调查分析事故后，要编制好事故的报告

图17-5　安全事故调查报告

　　伤亡事故的调查是一项技术性很强的工作，通常不是班组长的权限范围内的事，但班组长一定要配合事故的调查。